# EMPRENDER SIN PERMISO.

ANDRÉS NIÑO

BARKER & JULES®

BARKER & JULES®

**EMPRENDER SIN PERMISO.**

**Edición: BARKER & JULES™**
**Diseño de Portada: María Elisa Almanza | BARKER & JULES™**
**Diseño de Interiores: María Elisa Almanza | BARKER & JULES™**

**Primera edición - 2021**


**I.S.B.N. | 978-1-64789-659-1**
**I.S.B.N. eBook | 978-1-64789-660-7**



**BARKER & JULES, LLC**
3776 Howard Hughes Pkwy 549, Las Vegas, NV 89169
barkerandjules.com

# ÍNDICE

*A Dani, gracias por tu amor y apoyo incondicional, mi alma gemela, mi amiga, mi amor, mi confidente mi todo.*

*A mi madre, gracias por ser luz y armonía en mi vida.*

*A mi padre, gracias por estar ahí cuando lo necesité.*

*A Cami, me enseñaste que en la vida hay que ser fuertes para buscar la felicidad.*

*A Chris y Max, lo más maravilloso que Dios me pudo dar.*

*A Felipe, mi campeón, nunca dejes de creer en ti.*

*A Cata, mi princesa, estas para grandes cosas en la vida.*

*A Mao, mi mompirris del alma, eres un ejemplo a seguir.*

*A mis amigos que han permanecido conmigo en mis épocas y mis aventuras, y me han dado tanta alegría y momentos inolvidables,, gracias.*

# INTRODUCCIÓN

Probablemente estás leyendo por curiosidad, o porque no tienes nada más que hacer, o porque eres una persona que sientes como en algún momento sentí yo, que estas en este mundo para algo más grande de lo que estás viviendo, que estas aburrido/a de tu rutina, que sientes y crees que puedes tener la última palabra en decisiones que impacten a varias personas, que eres líder¡¡¡,que estás cansado/a de andar en bus, que estas agotado/a de tener unos cuantos minutos para almorzar y salir corriendo a cumplir un horario, que vas a un restaurante y que te fijas primero en el precio que en lo que quieres cenar, que te cansaste de sobrevivir y quieres vivir¡¡¡

Tengo una gran noticia para ti. Todo puede cambiar en tu vida, no es fácil, nada fácil, pero si realmente deseas cambios, créeme que nada es difícil ni duradero cuando logras lo que siempre has querido.

Este libro no se trata de una guía espiritual, ni métodos o conceptos teóricos que se ven y se escuchan muy bien, pero son muy complicados de aplicar o distan mucho de la realidad. En este libro conocerás en forma práctica lo que se debe hacer para lograr ser un gran emprendedor, siendo tú una persona del común, sin dinero, sin posibilidades de mucho estudio, sin grandes contactos.

Un manual práctico y real.
Acompáñame en esta gran aventura y te enseñare por todo lo que se debe pasar, para crear, diseñar y formar un proyecto de emprendimiento próspero y sostenible.

Soy una persona común y corriente, no nací en una familia prominente o con un apellido influyente, y de hecho si unos años atrás hubiese fallecido, solo afectaría a unas cuantas personas contadas con los dedos mi mano izquierda (soy zurdo).

Actualmente soy fundador y director general de un modelo de negocio sostenible, que nació en el año 2015, en el cual, inicio como un proyecto de emprendimiento y se ha logrado convertir en una pequeña empresa con 4 sucursales a nivel nacional, cuenta con 27 empleos directos,45 indirectos y en un proceso ambicioso de crecimiento para estar en todo el país y a mediano plazo, en Suramérica;

establecí una aplicación móvil en servicios de higiene y desarrolle una marca de productos de cuidado personal y seguridad masculina con un amplio margen de rentabilidad.

Esto no se dio de la noche a la mañana, las cosas empiezan a tomar forma cuando vives un proceso de formación y carácter.

Después de trabajar en varios bancos y corporaciones pude ubicarme en una empresa durante casi 10 años en la cual afortunadamente me dio la posibilidad de crecer profesionalmente de acuerdo a mis resultados y apoyado en mis capacidades. Llegó un punto en que después de lograr todos los ascensos y posiciones (de asesor comercial a Director de mercadeo), sentí que quería más, y comencé a tener choques con mi jefe y dueño de la empresa, porque quería ser yo quien pudiera tomar la última palabra.

Un día, después de semanas de continuos choques y debates con argumentos de parte y parte, me dijo algo que me haría reaccionar y cambiar mi chip de forma inmediata,

*-"Puede que ud tenga la razón o no, pero hay algo claro, acá uno de nosotros es el dueño del aviso y el otro no, así que solo tiene dos opciones si no le gustan las ordenes que se dan, o las acepta, o renuncia y coloca su propia empresa y la dirige como quiera".*

En ese momento y al escuchar esas palabras reaccioné ¡ y entendí que mi jefe en aquel entonces tenía toda la razón.

Este libro es una guía, un manual de que se debe y que no se debe hacer para lograr tu sueño de crear e iniciar un proyecto sostenible.

# EMPRENDER SIN PERMISO

Cuando pensaba que título colocarle al libro, me di cuenta que todas mis ideas llegaban al mismo punto, emprender y crear empresa es difícil, pero es mucho más difícil creértelo en tu mente y en tu corazón.

El mundo y la sociedad te colocarán mil trabas y obstáculos en el camino, es decir NO TE DARAN PERMISO, no te harán el camino nada fácil para que logres tu éxito como emprendedor, de aquí acuño la frase –"si fuera sencillo todo el mundo lo haría".

Generalmente en las charlas o conferencias que he tenido la oportunidad de realizar, la mayoría de las personas incluidas nuestras familias, amigos, conocidos no están preparados mentalmente para crear o desarrollar un proyecto de emprendimiento, y sabes porque? Por sus paradigmas sociales, que no los dejan quitarse la venda de los ojos y mirar que cada quien puede lograr lo que se proponga en la vida, pero que para lograrlo requiere salir de la zona de confort, tirarse al río y nadar contra la corriente; para todos es más fácil conseguir un empleo y esperar cada quince días un sueldo sin responsabilidades más grandes que solo las que demande las funciones escritas en un contrato, y aunque esto no está mal, si te limita y te limita mucho en tiempo ,en capacidad financiera y en desarrollo profesional.

**En tiempo:** porque tú ya dependes de ciertos horarios, ya no puedes decidir en donde quieres estar tal día y tal hora, porque sencillamente tu libertad de tiempo ha sido comprada por tu jefe en una cierta cantidad de dinero mensual.

**Capacidad financiera:** Tu vida se regirá a una cifra que te llega mensualmente, y bajo esa cifra tienes que acomodar tu modo de vida.

**Desarrollo personal:** Jamás podrás tomar la última decisión en la empresa en la que eres empleado y la mayoría de veces te tienes que condicionar a procesos (como un robot) y no a tus habilidades y capacidades.

No es malo inclinarte por tener un empleo, si estás dispuesto a vivir una vida "normal".

Aunque te aclaro algo, y a lo mejor en próximos capítulos lo comprenderás mejor, existen dos clases de empleos.

**EL EMPLEO FORMATIVO:** Tienes un sueldo con ingresos variables; tus jefes te exigen y la empresa maneja una filosofía formativa con su personal, en los cuales te preparan para ser un futuro gran emprendedor.

**EL EMPLEO TRADICIONAL:** Salario fijo, funciones preestablecidas, cumples un horario.

A esta última clase de empleo, si tienes un alma libre tienes que huirles, o solo estar de paso.

# PARADIGMAS SOCIALES

Te hablaba que la mayoría de personas no pueden quitarse la venda de los ojos por los paradigmas sociales, pero te preguntarás, y esto que es?!!

*Resulta que ingreso a una cafeter*ía y pido un café y un pastel; *ese día la cafetería tuvo un problema con el horno y me sirvieron el café tibio y el pastel frío, con incomodidad, pero sin decir nada, cancelo la cuenta y me retiro. Al otro día Carlos un amigo, por coincidencia, entra a la misma cafetería (que por cierto ya solucionaron el inconveniente del horno) y le sirven un buen café y un pastel caliente y delicioso.*

*Pasa una semana y me encuentro con Carlos en la calle y nos vamos a tomar un café y el me invita a la famosa cafetería.*

*Para él es una gran cafetería.. Pero para mí, deberíamos buscar otra opción¡¡*

Exactamente esto es un paradigma; a pesar de ser la misma cafetería, la experiencia en cada uno fue totalmente diferente y nuestro concepto lógicamente también.

Un paradigma es una idea o concepto de como una persona ve las cosas de acuerdo a sus experiencias de vida. En otras palabras son modelos de pensamiento con los que entendemos la realidad

**Los paradigmas hacen daño?** La mayoría de las veces si, por que nos encasillan en una idea y de ahí no queremos salir sin entender que cada quien vive una experiencia de vida diferente de acuerdo a las circunstancias; como dice la frase *" en una fiesta cada quien se hace su ambiente, y para algunos fue la mejor fiesta de su vida, pero para otros fue una pésima fiesta...pero es la misma fiesta".*

Los paradigmas sociales aplican de la misma forma, solo que funciona a nivel colectivo, y funcionan eficazmente en frases de cajón célebres como:

*" Eso tan bueno no dan tanto".*
*" No es que sea negativo, soy realista"*
*" No le convenía, porque lo que es para uno, le guardan"*
*" Al menos me quedo la experiencia".*
*" Se nace solo y se muere solo"*
*"piensa mal y acertarás"*

Hagamos la última y sé que la puedes completar tú

*" Es mejor malo conocido que ..............."*

Si, claro te da risa saber, pero piensa en algo en estos momentos...tú crees que muchas de nuestras decisiones de vida se deben tomar, apoyándonos en paradigmas sociales???

Le dejamos la responsabilidad de nuestras vidas a frases de cajón que solo son eso, frases de cajón.

Entiende algo... CADA QUIEN ESCRIBRE SU PROPIO LIBRO DE VIDA!

LA REALIDAD ÚNICA NO EXISTE, POR QUE TODOS VEMOS Y TENEMOS REALIDADES DIFERENTES¡.

# PRIMERA PARTE

## SUERO PARA TU DESINTOXICACIÓN MENTAL

CON UN PENSAMIENTO
ORDINARIO JAMAS LOGRARAS
UNA VIDA EXTRAORDINARIA

# CAPITULO 1. ¿QUIEN ERES TÚ?

***No eres lo que tengas en tu interior, son tus actos los que te definen" película Batman inicia***

Cuando logré un ascenso laboral a mediados del 2009, dentro de mis funciones en mi nuevo cargo incluía realizar procesos de selección y capacitación para el departamento de mercadeo y publicidad de la empresa para la cual laboraba.

Así que me topé con la maravillosa experiencia de realizar entrevistas al personal que aspiraba a los cargos que la empresa necesitaba. Es increíble cómo se aprende cuando tienes una conversación en modo entrevista laboral estando al otro lado del escritorio.

Una de las preguntas de manual obligatorio en la entrevista, consistía en una sencilla, pero que muy pocos respondían con acierto.

La pregunta formulada era.., -¡quién eres tú?

La mayoría de las personas no respondían con acierto, ya que sus respuestas se enfocaba en **que eran** como personas, y no en **quienes eran** como personas.

Una cosa es quien soy, y otra muy diferente que soy.

Haz el ejercicio; pregúntale a un amigo o familiar

- oye quién eres tú?

Te mirarán y sonreirán y algunos te dirán – oye porque me preguntas eso, que te pasa?.. y te responderán algo parecido a esto:

-mira yo soy administrador de empresas... o yo trabajo en tal lugar o me dedico a (siempre te van a decir que hacen en sus vidas) luego; soy una persona alegre amable me gusta la música .bla bla (te hablan de rasgos de personalidad, de gustos y en muy pocos casos la respuesta lleva algo de autocrítica).

Te das cuenta?

Ahora te pregunto a ti

*QUIEN ERES TU?...* y te pido el favor que no respondas ni que haces, ni rasgos de personalidad ni de gustos o de tu genio.

Me imagino...quedaste sin respuesta¡¡

No te preocupes porque después de leer este capítulo vas a saber realmente quién eres tú¡?? Y lo mejor, podrás responder la pregunta de manera acertada.

Todos los seres humanos estamos diseñados bajo cuatro aspectosl fundamentales que rigen nuestras vidas que los llamaré campos de poder:

**Poder Cuerpo o Parte física:** compuesto por un sistema, órganos, tejidos, células moléculas, 206 huesos y un 65% restante de agua.

**Poder Mente:** pensamientos, raciocinio, emociones, reacciones.

**Poder del Alma:** subconsciente, valores, relación contigo mismo, creencia en un ser superior.

**Poder energético:** equilibrio de tu cuerpo, relación con la naturaleza, percepción social hacia tí.

Todas nuestras decisiones de vida se basan en un engranaje entre estas cuatro partes; y estos cuatro campos de poder habitan en un círculo en el cual vivimos todos nosotros, es un círculo de 6 mundos paralelos en el cual nos movemos todos los días, tanto tú como yo, a esto le bauticé el círculo de las dimensiones paralelas.

Si alguna vez has escuchado el término mundos paralelos, supongo que lo viste de una película o programa de ciencia ficción en el cual explicaban que un mundo paralelo era la misma persona en otra dimensión, en el mismo planeta tierra pero con diferente vida.

Exactamente esto es lo que tú vives.

## CÍRCULO DE DIMENSIONES PARALELAS

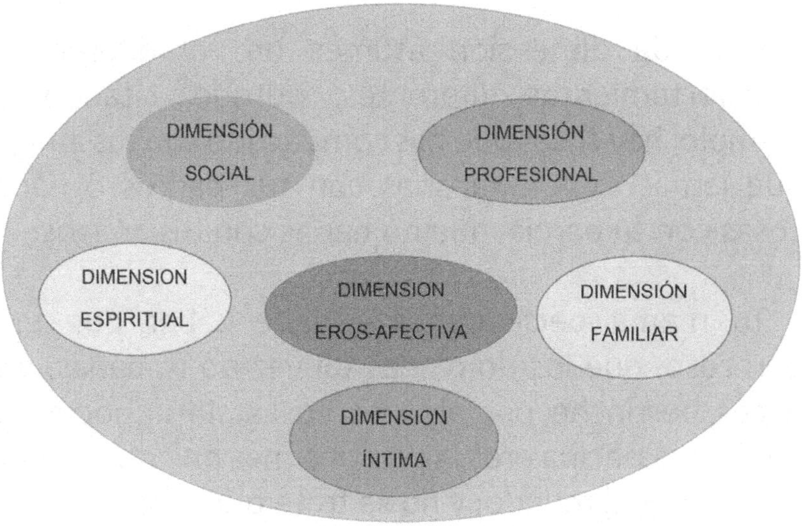


Tú vives diariamente en 6 dimensiones, porque tu manera de actuar, de ser, en cada dimensión es totalmente diferente,

**Tu dimensión profesional** es aquella en la cual trabajas y te desarrollas laboralmente buscando tus objetivos y metas.

**Tu dimensión espiritual** es la relación que tienes con Dios o con la fuerza suprema en la que crees . **Tu dimensión social** es aquella con tus amigos, de infancia,de tu universidad o colegio etc. **Tu dimensión eros-afectiva** es tu comportamiento como pareja con tu esposo/a o novio/a. **Tu dimensión familiar** enfocada en tu relación y comportamiento como hijo, hermano, tu familia, y la **dimensión íntima** es la relación que tienes contigo mismo, tus pensamientos emociones creencias, paradigmas y tu salud física.

En cada dimensión asumes un rol diferente y comportamientos diferentes, porque, citando un ejemplo, hay cosas que has compartido con tus amigos que jamás lo compartirías con tus padres o harías cosas con tu pareja, que no harías con tus amigos.

Tu mamá perfectamente debe saber que eres perezoso, que los domingos tal vez no te bañas, que haces berrinche por algunas cosas sin importancia, pero en la oficina eres la persona más pulcra, eficiente y madura del mundo; y no se trata que seas hipócrita, sencillamente asumes un modelo de comportamiento de acuerdo a las circunstancias y dimensión que te rodean.

Conozco altos ejecutivos que en sus oficinas son unos leones profesionales sin ningún tipo de compasión; toman medidas drásticas con tal de cuidar sus intereses, tajantes y de una sola línea, pero llegan a sus casas y son las personas más dulces con sus hijos, totalmente permisivos y alcahuetas, ves?, sencillamente están en dimensiones diferentes y por lo tanto asumen modelos de conducta diferentes.

O a lo mejor a ti te ha pasado que si en algún momento te enamoraste, hacías cosas que generalmente no lo harías ni por ti mismo.

Cuando hablo de asumir modelos de conducta diferentes, no quiere decir que seas una persona con múltiples personalidades, es solo que de forma natural asumes modelos de conducta acorde a las circunstancias

Tus dimensiones paralelas o circunstancias definen tu comportamiento y tu comportamiento eres tú.

Es por esta razón que a veces cuando enfrentamos circunstancias o momentos de vida específicos, reaccionamos de una forma que en nuestro habitual comportamiento, no lo haríamos.

Y nos decimos a nosotros mismos....*uy me desconozco.*

Es por esta razón cuando alguien te pregunte quién eres tú? ya sabes la respuesta,

...**Soy yo y mis circunstancias**

Dependiendo la circunstancia, adoptas una reacción tal, que a lo mejor te sorprendas, porque que no sabías que las tenías; y logras entender que cada persona es quien es, de acuerdo a la reacción que tenga ante una situación que esté viviendo, pero que estas circunstancias van creando nuestro mapa de conocimiento de nosotros mismos

Cuando se habla de la verdadera felicidad es sencillamente tener un perfecto equilibro entre mente cuerpo y alma y que tus 6 dimensiones paralelas estén funcionando de forma adecuada y cómoda para ti; pero tú y yo sabemos que es muy complicado que esto suceda, ya que si estamos bien en la dimensión profesional, tal vez no lo estemos en nuestra vida sentimental, o si nos sentimos plenos en nuestra vida de pareja, quizás esa vida de pareja choca con nuestra dimensión social, y así sucede en todas nuestras dimensiones.

Es tan importante que tengas claro quién eres tú, porque si realmente estas decidido a ser emprendedor, pasarás por momentos y situaciones en las cuales vas a reaccionar de maneras que jamás creerías que lo hicieras, y en esos momentos tendrás solo dos caminos para elegir, o te rindes bajas los brazos y declinas, o te levantas te limpias el polvo y continúas.

# CAPITULO 2.
# AL DEMONIO LOS PARADIGMAS

Expondré nuevamente para recordarte la definición breve de la palabra clave en cuestión: Paradigma. Es un concepto que se utiliza en la vida cotidiana como sinónimo de "ejemplo" para hacer referencia a circunstancias que se toman como "modelo".

(Algún ejemplo puede ser: los productos que tienen precios altos son de buena calidad; las mujeres nacieron para casarse y tener hijos...)

Este capítulo es muy importante, ya que trataré en derribar con argumentos, paradigmas que a lo mejor tú tienes y aplicas en tu vida.

Es necesario que entiendas que antes de iniciarte como emprendedor, es muy importante realizar transformaciones internas, y así como cuando tú limpias tu mesa de noche; hay que sacar de tu "cajón" mental, muchas cosas que ya no necesitas e incluir otras.

**PARADIGMA "Tener un título profesional te garantiza éxito y una estabilidad financiera"**

FALSO!,.. Sabes cuantos universitarios en este país se gradúan cada seis meses¡?.

¿Vivimos en una sociedad en la cual la mayoría de las familias consideran que un título universitario garantiza el futuro de una persona, cuando en realidad no es cierto, y sabes porque no es cierto? Porque las estadísticas y la realidad cotidiana lo muestran claramente. Muchos dedicaron 5 ó más años de sus vidas a pasar por un salón de clases para lograr ser profesionales y la mayoría de estas personas con título universitario están desempleadas o trabajando en algo totalmente distinto de lo que soñaron.

Aclaro un punto muy importante; no estoy afirmando que estudiar este mal, al contrario, es fundamental para desarrollarte como emprendedor; lo que afirmo es que un título no te da la garantía que serás un emprendedor exitoso.

Nuestro sistema educativo nos prepara para buscar empleo, no para ser emprendedores.

Cuando nos graduamos, creemos que 100 empresas nos estarán peleando para trabajar con ellos, y nos chocamos con la cruda realidad, donde al cabo de un tiempo o estamos desempleados o trabajando en algo que no tiene nada que ver con el título profesional, y en el mejor de los casos, ejerciendo la profesión, pero con una remuneración baja por el solo hecho de "ganar experiencia".

Es difícil derribar este paradigma social, así que tocaré ciertos puntos claves para poder sacarte de la cabeza que no necesitas un título para ser un emprendedor exitoso.

## LA EDUCACIÓN ES UN GRAN NEGOCIO

He tenido la oportunidad de conocer en mi vida emprendedores y empresarios exitosos; uno de ellos, cierto día estando en su oficina, noté que solo tenía su título de administrador de empresas y que era de muchos años atrás, le pregunté si había realizado alguna clase de postgrado o era especialista en algo, puesto que era una persona que manejaba una empresa exitosa y poseía conocimiento especializado en muchos temas administrativos y de liderazgo. Su respuesta fue sencilla pero muy acertada.

> *-"No necesito gastar mi tiempo y dinero en ir a un salón de clases a escuchar información que por internet y gratis puedo conseguir." "si necesito temas de mercadeo en internet los consigo, si necesito temas de liderazgo*

*también, de todo lo que necesite navego, leo me preparo y aplico".*

Una respuesta que era muy válida para mí, sobre todo viniendo de una persona que había fundado su propia empresa y era sostenible y exitosa.

Luego de pensar mucho sobre esta respuesta, y hacer ciertas cuentas en mi cabeza, descubrí que la educación es un gran negocio.

Te voy a exponer mi punto:

Si notas en tu ciudad o en cualquier otra, el sector económico de servicios que más crece es el académico. Hace 5 años no estaban los institutos técnicos, tecnológicos o universidades que están en la actualidad, todos te brindan una amplia gama de elección académica y no está mal, pero en ningún momento te aseguran que todo ese dinero que vas a invertir para obtener tu diploma, lo vas a recuperar rápidamente dándote la posibilidad de ubicarte en un empleo en el que apliques lo que estudiaste.

Cuando te vas a graduar de la Universidad, cancelas algo llamado derecho de grado (es decir debes pagar por un derecho que ya has pagado durante cinco años ¡) Luego todos los gastos que implica la graduación, sales con tus papas feliz en la foto, el abrazo, la felicidad; y te dan el diploma; y que te dice la universidad, ¿tu alma mater?...

.-defiéndete como puedas y mira a ver dónde consigues trabajo.

Si, sé que estás pensando, y no, no soy una persona atacando el sistema educativo, es solo que viví en carne propia y en muchos amigos lo que significa pensar que un título me garantizaba una vida profesional exitosa.

Asistí a clases con más de 40 compañeros, (mi semestre en aquella época costaba aproximadamente 2 millones de pesos; multiplica esa cantidad por el número de compañeros de clases y luego por el número de estudiantes de la facultad).

Normalmente el profesor llegaba, entregaba unas fotocopias para leer en grupo o a nivel individual, ¿y que hacía la mayoría? Hablar de temas muy ajenos a las fotocopias, o cuando se leía, esa información de esas copias se encontraba fácilmente por internet, luego una exposición o debíamos realizar un trabajo escrito.

Generalmente el docente era un profesional graduado de la misma universidad con un contrato de horas cátedra, el cual toda su experiencia laboral se basaba en enseñar lo que aprendió o lo que leía.

Si mi carrera era administración de empresas ¿Sera que puedo aprender cómo crear y desarrollar mi empresa de alguien que nunca ha tenido alguna?? ¿Puedo aprender como levantarme de una quiebra de alguien que jamás ha pasado por eso?

Recuerda que este libro está diseñado para transformarte de una persona común y corriente, a una persona "diferente" y extraordinaria, por esto te hablo de una forma clara y escueta.

No necesitas invertir mucho dinero en educación, ni tener un título para transformarte en un emprendedor; académicamente necesitas bases, y esas bases las encuentras gratis o con muy poca inversión por internet y libros

Lee estos nombres, que empresas tienen, y te voy a decir algo que tienen todos ellos en común;

NO TENIAN TITULO UNIVERSITARIO AL FUNDAR SUS EMPRESAS¡¡¡

Bill Gates
Empresa: **Microsoft**
Michael Dell
Empresa: **Dell Computer**
Mark Zuckerberg

Compañía: **Facebook**
Steve Jobs
Compañía: **Apple**
Soichiro Honda
Compañía: **Honda**
Frederick Henry Royce
Empresa: **Rolls-Royce**
Ray Kroc
Compañía: **McDonalds**
Jan Koum
Compañía: **WhatsApp**

Sabes cuantos profesionales con títulos universitarios trabajan para ellos?

En tu país o tu ciudad existen muchos empresarios anónimos que, como ellos fundaron y desarrollaron una empresa sostenible sin títulos académicos.

Ya sabiendo esto, tienes la buena noticia, es que vas ahorrar mucho tiempo y dinero para prepararte, y lograr emprender tu proyecto exitoso.

**PARADIGMA "Es que es muy de buenas, o tiene mucha suerte".**

Falso. ¡Es ilógico pensar que al nacer en un entorno difícil y llenos de necesidades, estés condenado al fracaso, y vivir una vida miserable y llena de escases; o al nacer en un ambiente de comodidades y una familia rica, quiera decir que tu vida esté destinada al éxito total.

Es uno de los paradigmas sociales más comunes y fuertes que existen en nuestra sociedad, sobre todo para los que hemos vivido una vida con necesidades (unos más que otros) pero al fin y al cabo necesidades.

**Que es la suerte?**

La real academia de la lengua define la suerte como:

Conjunto de sucesos o circunstancias que se consideran predeterminados para la vida de alguien.

Definición clara pero incompleta.
Hace cierto tiempo en un programa de tv muy popular en Estados Unidos, invitaron un famoso fotógrafo, el cual era admirado por tomar fotografías espectaculares y únicas del mundo natural, entre ellas la imagen del momento exacto en que un colibrí bebía néctar de una flor, mientras se suspendía en el aire.

> *Magnifica fotoi.. "debes ser el fotógrafo con más suerte en el planeta, para poder captar esta increíble imagen". –Comenta el presentador-.*

En forma sarcástica pero educada le contesta el famoso fotógrafo al presentador.

> *-"Si para ti tener suerte, es haber vivido oculto entre unos arbustos con una temperatura de 32 grados centígrados,6 horas diarias, durante 4 meses para poder captar esta magnífica imagen, entonces sí, soy un tipo con mucha suerte ".*

Este paradigma, es constantemente utilizado por gente del "común" para desconocer realmente, que llevó a esa persona a obtener el éxito en su vida.

La buena suerte es determinante para el éxito de un empresario, pero no es inherente a cada persona.

Tener buena suerte depende de tres factores únicos:

**1.Buscarla**

Es muy complicado en tu vida pretender tener buena suerte, si tú mismo no buscas esa suerte.

Cuando salía con mis amigos a la disco, generalmente tenía más "suerte" con las chicas John ; él era un compañero de la universidad el cual en esa época al llegar a la discoteca observaba las mesas que estaban con chicas solas y sin ningún tipo de reparos o dudas se acercaba para invitarlas a bailar, y siempre terminada la rumba, salía con un número telefónico o ligando alguna chica de la disco.

*–Oye Jhon como haces para que te vaya bien con las chicas cada vez que salimos a rumbear"?*
*-Sencillo, ley de promedios" me respondió*
*¿Ley de promedios?"- le pregunté de manera inocente*
Sonriendo y de manera cordial me dijo

> *"- mira es así, por cada cuatro chicas que invito a bailar, 3 me dirán que no y una me dirá que sí, de ese porcentaje que me dice que sí, el 20 % me dará su número telefónico o podre ligar con ella, así que solo me apego a la ley de promedios, entre más chicas invite a bailar mis probabilidades de ligar serán más altas".*

El secreto de Jhon era sencillo; buscaba su buena suerte, no esperaba sentado en la mesa (como nosotros) a que llegara.

> *"El destino es el que baraja las cartas, pero nosotros somos los que jugamos", decía Shakespeare.*

Muchos son los que quieren tener buena suerte pero pocos los que deciden ir por ella.

Recuerdo que una de las tareas principales en mi primer cargo en una compañía que laboré, era la de realizar convenios con personas o empresas que pudieran necesitar hablar el idioma ingles y poder ofrecerles unos cursos ajustados a las necesidades de cada quien.

Con mis compañeros realizábamos procesos extensos de telemarketing, esperando poder concretar algunas citas y ofrecer personalmente los servicios para así cerrar la negociación.Mi salario dependía exclusivamente de comisionar por cliente que pudiera concretar para que estudiara el idioma, y esto realmente era agotador y muy tedioso.

Los potenciales clientes que llamábamos provenían de una base de datos que nos entregaba administración; y eran referidos por alumnos que ya se encontraban en la institución realizando el curso, y nos apoyábamos en formatos escritos para poder vía telefónica despertar el interés y lograr una cita con estos "posibles clientes".

Pasaban los días, no concretaba aun nada, y la presión por pagar el arriendo, los servicios, gastos personales aumentaba; cierto día mirando las noticias me enteré que una multinacional alemana en un negocio multimillonario había comprado una empresa de alimentos con sucursales en todo el país y que se iban a realizar cambios estructurales en dicha empresa.

Pensé, -van a necesitar los empleados hablar mínimo el inglés para poder permanecer en esta empresa-. Inmediatamente por internet inicie una investigación sobre esta empresa, dirección teléfonos, antigüedad en la ciudad, productos,,etc ; Diseñé un formato exclusivo para realizar el telemercadeo , me senté en el escritorio y realice la llamada;

Te confieso que sentí escalofríos cuando la secretaria me dice.. *"precisamente el director de zona se encuentra en la oficina, ya te paso la llamada"*

Cinco días después y luego de dos reuniones, habría de cerrarse un convenio con todos los directivos de la sucursal de la ciudad, logrando ganar una jugosa comisión que me daría tranquilidad financiera los próximos 3 meses.

Tuve suerte?. Claro que sí,, pero la suerte no estaba ahí ¡ la busqué, me lancé, me arriesgué y la conseguí, pero de nada hubiese servido que la secretaria me pasara al directivo y concretar la cita con la empresa, si no tenía las herramientas de conocimiento necesarias para poder abordar o debatir cada argumento y cerrar el trato, es decir sin estar preparado.

## 2. Estar preparado

*"La suerte es lo que sucede cuando la preparación se encuentra con la oportunidad."*

Todos los días la buena suerte está ahí, esperando que la encontremos, pero cuando esto sucede, tú debes estar preparado para recibirla. Es en este punto donde se marca la gran diferencia.

Carlos un amigo, anhelaba profundamente salir del país y buscar fortuna en el exterior. Algún día el gobierno realizó una convocatoria, específicamente una oferta laboral en oficios varios para personas bachilleres solteras menores de 25 años que quisieran viajar y radicarse en el exterior, específicamente Canadá. El cumplía (mi amigo), los requisitos y con emoción se presentó y pasó los dos primeros filtros del proceso; el tercero y último filtro consistía en una prueba básica de idiomas y manejo de sistemas; algo muy, muy básico; Carlos no tenía ni la más remota idea de estos temas.

Hoy en día Carlos aun anhela salir del país¡.

En un mundo globalizado como el que tenemos, las oportunidades están en todas partes, sencillamente no estamos preparados para determinadas oportunidades que se nos pueden presentar. Existen personas en este mundo, que nacen con un talento desbordante, y otras que exponencían su propio talento.

Te colocaré un ejemplo; soy amante del futbol y durante años hemos tenido el privilegio de disfrutar de dos magníficos jugadores como los son Lionel Messi y Cristiano Ronaldo, la diferencia entre los dos radica en que Messi nació con el talento innato, desbordante; Cristiano ha exponenciado su talento con mucha, muchísima preparación, es un obsesivo del entrenamiento físico; no estoy afirmando que Messi no se prepara ni entrena, pero te aseguro que no lo hace de la misma forma que lo realiza Cristiano.

En nuestras vidas se nos presenta oportunidades, momentos de suerte y desafortunadamente en su mayoría las perdemos porque no estábamos preparados para recibir esa buena suerte;

¿Quieres tener suerte en tus negocios, y en tu vida?

Busca esa suerte, pero debes estar PREPARADO cuando la encuentres.

## **3.Creer en ti**

*"cree en ti y todo te será posible".*

Te llega la oportunidad, estás preparado y es el momento de afrontar una gran oportunidad en tu vida con toda la información que pudiste obtener en tu preparación; ahora toda esta información debe expresarse con tu capacidad personal, con tu elocuencia, ¡con tu seguridad al hablar!

,,,y dudas, titubeas, porque consideras que la persona o personas que tienes al frente son más que tú.. o inclusive antes de afrontar la oportunidad, ya habías dudado que no iba a ser para ti, dudaste que iba a salir bien, que no lo merecías, y dejaste ir algo en lo que te habías preparado por mucho tiempo.

Te preguntas que pasó, porque me pasa esto a mí, porque soy tan de mala suerte?.. Te tengo la respuesta

No creíste en ti mismo.

Te lo escribo en mayúscula.

IMPOSIBLE que los demás crean en ti, si tú no crees en ti mismo.

Tener confianza en ti mismo es más complicado de lo que imaginas, porque generalmente se aplica mucha información en la sola frase, cree en ti.

Conferencias, libros, personas, constantemente escuchas hablando del poder de creer en ti, de que tú naciste para cosas grandes, de que eres un triunfador y que todo lo que te propongas lo puedes lograr si creer en ti .

Mucha demagogia y poco pragmatismo.

Creer en ti no es simplemente un pensamiento, no es pretender creer que estas conforme contigo mismo sin tomar el mínimo riesgo a las eventualidades sociales que te puedan exponer y hacerte dudar de tus capacidades.

Cuando tienes fé en ti mismo, el resultado natural es que la sociedad empieza a creer en ti. ¿No tiene ningún sentido pensar que crees en ti, cuando los demás no confían en ti, me sigues?

Te voy a dar señales prácticas cuando no confiamos plenamente en nosotros mismos.

- No te gusta hablar en público, o si lo haces, te sientes muy incómodo/a
- Cuando tienes una buena idea de negocios, lo primero que haces es compartirla con alguien esperando que te diga que efectivamente es una gran idea para tú creer lo mismo.
- Si alguien hace un mal comentario sobre ti, te afecta durante todo el día.
- Cuando estas molesto/a acudes más a los insultos

que a los argumentos.

- No puedes guardar un secreto, porque te cuesta compartirlo solo contigo mismo.
- Detestas la soledad
- Hablas más de tu pasado que de tu presente.

Estas son algunas señales. Si aplicas algunas de ellas PREGUNTATE de acuerdo a tus comportamientos, si tienes una confianza plena en ti, o por el contrario dudas de ti mismo/a.

Creer en ti va más allá de mirarte a un espejo y decírtelo todos los días.

Es conocer tus debilidades, tus fortalezas, tus reacciones frente a circunstancias adversas, y más importante aún, es proyectar esta confianza en la sociedad, porque en este punto las oportunidades y la buena suerte empezarán a sonreírte

Creer en ti no es solo un pensamiento, es un modelo de conducta.

Recuerda, la buena suerte si existe, pero acompañada de tres factores claves:

**1. Buscar esa suerte.**
**2. Estar preparado.**
**3. Creer en ti.**

# CAPITULO 3. MATRÍZ DE ABUNDANCIA

**"Existen tres tipos de pensamiento, la mentalidad rica, mentalidad conforme y la mentalidad pobre".**

Cuando tenía 22 años, laboraba como cajero bancario, creía que era un gran empleo, ya que la gente te miraba con respeto y era un banco reconocido y prestigioso del país; tomé la decisión de independizarme y vivir solo, pero mi salario apenas superaba el mínimo legal vigente.

Cada quincena salía con mis compañeros de trabajo a los mejores bares y discotecas a pasarla bien, y las consecuencias de esas salidas se reflejaban en el resto del mes; fiando en la tienda, prestando dineros para pagar el arriendo, comprando ropa y perfumes costosos a crédito; me iba a pie hasta la casa porque me daba vergüenza montar en bus con el uniforme del banco, en fin así transcurría mi vida, comprando todo a cuotas, fiando la alimentación, esperando con ansias la quincena, recibiendo mi sueldo, pagando y volviéndome a endeudar, pero era feliz porque en ese entonces pensaba que todo estaba "bien."

Todos los días en la acera al frente del banco se estacionaba un señor en una moto vendiendo pasteles y empanadas, era horario de salida y no había almorzado debido a que el crédito en el restaurante ya lo había excedido y solo tenía 2 pesos en el bolsillo; me acerqué al señor y de la manera más discreta posible( ya que contaba con buena clientela), le pedí el favor que me diera un pastel y que en la quincena le cancelaba; el señor sin ningún tipo de reparos y en voz alta me increpa que como se le ocurría y que no estaba ahí para fiar comida!. Confieso

*"Fue uno de los momentos más bochornosos en mi vida".*

Con la mirada en el piso y rojo de la vergüenza me alejé.

Al llegar al apto abrí la nevera, solo tenía un pedazo de pizza del día anterior... acostado en la cama, comiendo pizza fría algo pasó en mi menteii.

Sentía vergüenza conmigo mismo de la situación en que me encontraba, pensaba en lo que había pasado con el señor de los pasteles y de las miradas de las personas. Empecé a preguntarme muchas cosas esa noche

*Porque estoy en la situación en que estoy?..*
*Qué sentido tiene trabajar en un prestigioso banco para que la gente me vea, si mi vida financiera es un caos de apariencias y necesidades?.*

Era como si la bochornosa situación que viví con el señor de los pasteles hubiera quitado una venda de mis ojos para ver la realidad de mi vida; y con el paso de los días llegué a las siguientes conclusiones:

*-Me gusta la buena vida, y con este salario no podré jamás darme los gustos que quiero.*

*La única manera que mis ingresos aumenten es con un ascenso o pedir un aumento de sueldo y es remoto que alguna de estas dos cosas pase.*

Mi desempeño laboral empezó a disminuir, me atrasaba en los informes, me descuadraba en caja, y no rendía igual, sentía que estaba perdiendo mi tiempo, mi vida, pero no renunciaba por las deudas que tenía, el apto, el status de pertenecer a una prestigiosa compañía, el escuchar a mis familiares que me decían *"como se te ocurre renunciar al banco, sabes cuántas personas desearían tener tu empleo, antes dale gracias a Dios que al menos tienes trabajito".*

Pero algo había cambiado en mi interior, no estaba dispuesto a continuar mi vida de esa manera, de anhelar muchas cosas y no poder tenerlas, de vivir de apariencias, sencillamente porque no ganaba el dinero suficiente, de vivir endeudado.

-*"Si uno nace para cosas grandes donde están las mías ¡?*

Tuvo que pasar este suceso que fue muy fuerte en mi vida para que mi mente empezará a ver las cosas de otra manera, era muy difícil que todos estos pensamientos llegaran de forma natural, ya que mi entorno y mis dimensiones paralelas pensaban, vivían y estaban conformes con un pensamiento "normal":

-Ajústate a un empleo que te de una estabilidad, ahorra lo más que puedas cohibiéndote de gustos que no son para ti por que exceden tu nivel salarial, ve a un restaurante y come lo que te alcance y no lo que te guste.

Minimiza gastos, ahorra.

En otras palabras, el común denominador se resumía en una idea: cohíbete, cohíbete...cohíbete.

No quería esto en mi vida, después de indagar, leer y entrar a este mundo de ideas y conceptos diferentes, entendí que la única forma que pudiera tener unos ingresos acordes al nivel de vida que deseaba era, o buscar un empleo en el que el salario tuviera variables de ingresos, ser emprendedor o finalmente ser empresario ¡

La matriz de abundancia es precisamente esto de lo que te estoy hablando, te lo voy a explicar de la forma más clara posible.

**Matriz** es la representación de valores predeterminados; en este caso capacidad de asimilación de cierta cantidad de ingresos en tu vida.
**Abundancia** es la gran cantidad de alguna cosa, en este caso ingresos.
Nuestra matriz de abundancia es la capacidad de pensamientos que tenemos de acuerdo al nivel financiero de vida que hemos llevado.

Es el chip de pensamiento que tenemos de acuerdo a la cantidad de dinero que recibimos y por ende a la calidad de vida que llevamos. Si tus ingresos son de un millón de pesos, tu matriz mental de abundancia pensará y actuará de acuerdo a valores de este rango, es decir una persona que gana un millón de pesos mensual, en su mente no se permitirá nunca poder comprar un Ferrari; por mucho pensará en una moto y financiada. Una persona que gane 10 millones de pesos, se permitirá soñar con un vehículo de gama alta; una persona que gane 100 millones de pesos mensuales, estará pensando en montar un concesionario, ¿me sigues?

Nuestra matriz de abundancia determina nuestro pensamiento financiero.

Existen tres formas de pensamiento o matrices de abundancia

**La matriz Rémora**

**"mi abuelo fue pobre, mi papa también lo es, por lo tanto, yo también seré pobre"**

Este nivel lo ves mucho en las personas que en su cabeza jamás creen que merecen algo mejor en sus vidas, que piensan que están así, por culpa del destino o de alguien más, que viven responsabilizando al gobierno, a la familia a un ser querido de su situación, y su esperanza es que alguien los ayude ecónomamente.

**La matriz gallina**

**"Es mejor algo fijo que arriesgarse"**

Este nivel es representado por personas que a pesar que sus ingresos y su trabajo no era lo que habían soñado toda su vida, se sienten bien donde están y prefieren no arriesgarse y tener algo fijo toda la vida.

**La matriz Águila**

**"Piensa en grande y tendrás cosas grandes"**

Está plenamente convencido que su éxito depende de sus capacidades, sueña en grande y toma riegos consciente de que si las cosas no salen como esperaba, no se rinde, lo intentan nuevamente; no se conforma con un ingreso fijo.

Te voy a decir algo que a lo mejor ya sabes.

En tu vida el nivel de personas con matriz de pensamiento rémora o gallina es mucho mayor que las personas con matriz de águila.

Parece que haber crecido en una sociedad donde constantemente se habla de conformismo y escases nos lleva acostumbrarnos y pensar que la abundancia y la prosperidad no son para nosotros, y nuestra matriz de abundancia se limita a un modelo rémora o en muchos casos una matriz de pensamiento gallina.

Donald Trump decía "el mundo está lleno de leones y gacelas".

*Te pregunto, y tú que quieres ser?*

En la sociedad existen dos formas de pensamiento, el pensamiento pobre (gacela) y el pensamiento abundante (león).

Las personas con una matriz de abundancia reducida o pequeña, nunca lograrán lo que quieren, porque su filosofía de vida se basa en esperar; esperar que el gobierno ayude, esperar que el político dé un puesto, esperar que el amigo me apalanque, esperar que mi familia me preste dinero, esperar un golpe de "suerte",, o que el jefe me aumente el sueldo. Esperar y esperar.

El 80% de sus conversaciones las manejan con tendencia negativa excusándose en aquella famosa frase

***"NO ES QUE SEA NEGATIVO, ES QUE SOY REALISTA".***

Tu matriz de abundancia crecerá en la medida que tus ingresos crezcan, sucede como un postre; alguien te puede decir que es muy delicioso, pero no lo entenderás hasta que tú lo pruebes; por esta razón pretender cambiar una mentalidad pobre a una mentalidad rica es muy complicado, porque jamás han probado el postre de la riqueza financiera.

Pero esto no quiere decir que sin dinero no puedes pensar en grande, claro que se puedei y de hecho todo emprendedor exitoso nunca habría logrado su éxito sin antes haber transformado sus pensamientos en una matriz de abundancia de águila.

Dudé mucho para tomar la decisión de renunciar a mi empleo de cajero en aquel prestigioso banco, varias noches pensando en los pros y los contras de tomar aquella decisión, y créeme, mis amigos y mi familia no ayudaban, y era lógico, sus mentalidades eran matriz gallina.

Era consciente que si no renunciaba terminaría despedido, ya que las cosas no las estaba haciendo bien, y algo que me enseñó mi padre, era que nunca por uno mismo, se debía cerrar puertas en el camino, así que  un lunes me armé de valor, no lo hablé con nadie, redacte mi carta de renuncia y listo¡

Con la liquidación pague las deudas, vendí las cosas que había comprado en el apto y volví con el rabo entre las piernas a mi casa familiar a empezar de cero, solo que había llegado con otro tipo de pensamiento, mi matriz de abundancia águila estaba naciendo en mí, y no podía permitir que muriera.

Pero como haría para cambiar mi mentalidad, transformar mis pensamientos y ampliar mi matriz de abundancia cuando estaba desempleado, con muy poco dinero, en la casa de mi familia y rodeado de gacelas?.

Mi pensamiento de águila ya lo tenía en mi cabeza, y  como una semilla, debía plantarla en tierra fértil, regarla y  alimentarla.

¿Como pude hacerlo?, te diré lo que hice para que mi matriz de abundancia creciera y se fortaleciera.

1. **Afrontar los hechos al desnudo**, no auto engañarme, mi situación en ese entonces yo mismo la creé, con mis malas decisiones financieras, con gastar más de lo que ganaba, con darme una vida que no tenía, debía ser consciente, estaba desempleado, sin dinero y no me iban a tolerar así en la casa mucho tiempo.
2. **Solo cuenta con lo que tienes en el bolsillo y contigo mismo,** Nadie va a ser las cosas por ti, nadie; debes depender y confiar exclusivamente en ti mismo y en tus capacidades.
3. **Enciérrate en la burbuja del pensamiento águila,** no escuches personas, ni siquiera tu familia que tengan mentalidad de rémora o gallina porque te pueden hacer retroceder; busca historias de personas emprendedoras, lee acerca de historias de éxito, sumérgete en el mundo del emprendedor.
4. **No pretendas debatir tus ideas con nadie,** solo perderás tu tiempo y te expondrás a que te hagan sentir mal.
5. **Piensa en grande,** sueña y entiende que no naciste para recoger migajas de la mesa, si no para estar sentado y disfrutar del banquetei.
6. **Experimenta abundancia,** has el esfuerzo, ve

solo a un restaurante, tu preferido y pide tu plato favorito, con tu bebida ideal, y si puedes también, un postre.
Disfrútalo, gózatelo y pregúntate si quisieras todos los días o cada vez que lo desearas, darte esos gustos.

Así alimentaba mi matriz de abundancia, pero debía actuar.

# CAPITULO 4.
# ¿LA TIENES CLARA?

**"Una vida sin visión es igual a un barco en alta mar sin timón**

En los años 80´ una prestigiosa Universidad de los Estados Unidos, inició un experimento social que consistía en realizar un seguimiento de vida durante 25 años de 100 personas jóvenes entre 18 a 20 años de edad, con similares capacidades físicas, en la misma ciudad con una familia estable y las mismas oportunidades sociales y académicas.

Al pasar los 25 años se reunieron los datos de las investigaciones realizadas a este grupo homogéneo, y los resultados fueron los siguientes.

De las 100 personas:
30% era infeliz en un empleo con salario bajo.
20% se encontraban en la casa familiar desempleados y en la quiebra.
43% vivía de una manera cómoda con un hogar

formado y un proyecto económico estable, pero viviendo del día a día.

5% eran personas ricas y prosperas.
2% eran millonarias y exitosas.

Que sucedió para que solo 7 personas de 100 con las mismas capacidades y aparentes oportunidades sociales, llegaran a ser exitosas y con una estabilidad financiera abundante, y solo 2 millonarias?.

Se concluyó por medio del proceso investigativo que este 7% del total de la población en estudio (100 personas), al tener 18 19, 20 años, sabían exactamente que querían hacer en sus vidas, es decir tenían una visión de vida clara.

Si tuviéramos que buscar un factor determinante en el éxito o fracaso de una persona, sería éste: visión de vida.

Una visión clara de vida genera una energía individual que puede producir transformaciones y lograr grandes objetivos, tomando sabias decisiones, con enfoque y dando prioridades.

*"Cuando uno no sabe para dónde va, cualquier bus le sirve"*- lo repetía constantemente un compañero de trabajo, y sí que tenía la razón.

**Pero realmente que es visión de vida?.**

Cuando te hablo de visión de vida es poder cerrar los ojos y verte a ti mismo en la posición en la que te gustaría estar, que vehículo conducir, que hogar tener, que clase de ropa vestir. Qué vida vivir, que te haga pleno, te haga felizi.

Es tener muy claro en tu mente que quieres ser, donde quieres llegar, y aunque no lo creas, el no tener una definida visión de tu futuro, puede hacerte recorrer la vida en círculos por muchos años sin haber logrado prácticamente nada.

Tengo un conocido el cual cada vez que viajo a la ciudad de Cúcuta lo saludo y siempre me habla de proyectos, de viajes, de experiencias diferentes, es decir lo veo cada dos o tres años y en los últimos 9 años creo que ha tratado de iniciar más de 5 proyectos de negocio diferentes, pero sigue viviendo en la misma esquina, en la casa de sus padres y andando aún en busi.

Cuando tomé la decisión de renunciar al banco y me sumergí en el mundo empresarial, videos charlas conferencias biografías, sabía que ya tenía clara mi visión de vida, y para tenerla clara debía tener respuesta a estas tres preguntas:

Cuanto ingreso mensual quería en mi vida?
¿Como quería obtener estos ingresos?
¿Que quería hacer para tener esos ingresos?
Es decir, el que, el cómo y el cuánto.
Plantéate estas tres preguntas, y respóndetelas así como yo en algún momento de mi vida me respondí.
Quería ingresos en los que pudiera darme la vida que deseaba, dirigiendo un proyecto (empresa) productivo que impactara en la sociedad, que me permitiera viajar, conocer personas, llevar conferencias, y tener la última palabra en las decisiones de la organización.

Te recuerdo que este libro se llama **Emprender sin Permiso**, y nos vamos a enfocar en tu visión de vida como emprendedor.

Hazte las tres preguntas y cuando tengas claras las respuestas te aseguro que el porcentaje de malas decisiones en tu vida se reducirá considerablemente.

Para que la Visión actúe como una fuerza movilizadora hacia el destino deseado, debe consistir en algo relevante y valioso para ti. Obviamente el juicio de valor es algo particular que cada uno realiza para sí mismo. Lo que es valioso para ti, puede no significar lo mismo para otro. Para que la Visión adquiera este efecto estimulante y brinde concentración y energía para la acción, debe representar algo profundamente sentido y valorado.

TENER EN CUENTA

**1. Importante saber que tu visión de vida jamás debe estar atada a una persona.**

Conozco casos en los que después de llevar años construyendo su visión de vida, tiran todo a la borda porque su pareja sentimental los decepcionó, o alguien en el que confiaban plenamente los traicionó. En otros casos renuncian a su visión porque su pareja de turno se los exige.

*"Si cambias o renuncias a tu visión de vida por una persona, te aclaro que entonces nunca fue tu visión de vida, porque si quieres una vida feliz átala a una visión, no a una persona."*

**2. Tu visión de vida no es un punto de llegada.**

No es la meta ni un objetivo al cual llegar, tu visión de vida es el camino, es el recorrido, no funciona como un cuento o el capítulo final de una telenovela con la última escena que dice fini.

Es disfrutar lo que soñaste hacer, es ganar lo que algún día anhelaste ganar; te daré un ejemplo: Tu visión de vida puede ser el tener un carro de gama alta, una linda casa y una cuenta con muchos ceros en el banco, y resulta que te ofrecen todo esto, pero tienes que hacer cosas que no te gustaría hacer o que no está moralmente cómodo hacerlo para ti. O tu visión de vida consiste en viajar en barco por muchos países conociendo culturas, pero estos viajes te toca de polizonte y comiendo las sobras de los demás.

Me sigues?.

Tu visión de vida es vivir día a día esa visión, trazando objetivos, cumpliendo metas, estando en los lugares que quisiste estar, haciendo lo que te apasiona hacer.

En pocas palabras es disfrutar el camino y no solo la meta.

**3. Jamás confundas tu visión de vida con fantasías de vida.**

Una de mis fantasías es poder ser jugador de futbol profesional y jugar en el Real Madrid, pero sé que es una fantasía.

*"los ojos mirando las estrellas pero los pies bien puestos en la tierra"*, y no se trata de coartar sueños, es tener clara la diferencia entre visión y fantasía.

**4.La visión de vida es personal y no puede salir de tu dimensión íntima, es decir tú no puedes darle una visión a tu vida con los deseos de otra persona.**

GRANDES VENTAJAS

El tener clara tu visión de vida, te ahorra muchos problemas y dificultades en tu vida, porque tus decisiones siempre están enfocadas.

Si alguna vez has escuchado el poder que tiene nuestra mente para atraer las cosas, es muy cierto. Cuando una persona sabe y tiene claro que es lo que desea para su futuro muchas cosas se alinean a su favor, porque cada decisión por pequeña e insignificante que pareciera ser, colocaba un punto de unión de acercamiento a esa visión.

En el año 2015 cuando inicié mi proyecto de emprendimiento, tuve muchos inconvenientes financieros, además mi familia no estaba de acuerdo con las decisiones que estaba tomando y recibí una llamada de mi hermana que vive en el exterior; me invitó a que dejara las cosas así," que no me matara la cabeza" y viajara al país en el que ella se encontraba. Tenía la oportunidad de ayudarme a laborar en una petrolera.

¿Qué hubiera pasado si no estuviera totalmente seguro de lo que quería en mi vida? seguramente estuviera en ese país de empleado, cumpliendo horarios y frustrado; o tal vez feliz, no lo séi, pero mi convicción de lo que deseaba siempre fue más fuerte que mis adversidades.

Entre más joven estés cuando descubras tu visión de vida, más rápido podrás ubicarte en ella.

Cuando lees o miras biografías de famosos deportistas, exitosos y de élite, te darás cuenta que desde muy chicos iniciaron sus entrenamientos y prácticas, es decir desde muy pequeños ya sabían que querían hacer de sus vidas.

Pero esto no quiere decir que la edad sea determinante para darte cuenta que es lo que quieres hacer, y como lo quieres hacer, pero definitivamente el saberlo más temprano que tarde te ahorrara recorrer caminos que al cabo de un tiempo te llevaran al mismo punto de inicio.

Recuerda que este libro está enfocado para personas que su visión de vida sea la de emprender un proyecto productivo y luego transformarlo en una empresa que genere impacto social, que desee ser líder, que le guste vivir bien, y que quiera ser dueño de sus propios horarios; si es así, estás leyendo el libro correcto.

# CAPITULO 5.
# INTELIGECIA EMOCIONAL

**"Al menos el 80% del éxito de una persona adulta depende de su inteligencia emocional". Daniel Goleman**

Este es uno de los temas más importantes en tu camino para ser un gran emprendedor y por ende un futuro empresario exitoso.

Todos nosotros poseemos inteligencia y la inteligencia es la capacidad de entender y comprender cualquier circunstancia.

En el transcurso de los años y de acuerdo a los diferentes estudios o investigaciones, se dedujo que todos nosotros manejamos varios tipos de inteligencia, y que de acuerdo a nuestras habilidades, algunos tipos de inteligencia están más desarrolladas que otras, esta teoría se llamó la teoría de las inteligencias múltiples.

La Teoría de las Inteligencias Múltiples fue ideada por el psicólogo estadounidense Howard Gardner como contrapeso al paradigma de una inteligencia única.

En ella se plantea que la vida humana requiere del desarrollo de varios tipos de inteligencia.

Howard Gardner no entra en polémica con la definición científica de la inteligencia, como la capacidad de solucionar problemas o elaborar bienes valiosos. Pero realiza un planteamiento muy interesante, la inteligencia académica, es decir la obtención de títulos y méritos académicos no es factor decisivo para definir la inteligencia de una persona.

Ejemplo de esta idea se ve en personas que, a pesar de obtener excelentes calificaciones académicas, presentan problemas importantes para relacionarse con otras personas o para manejar otras facetas de su vida. Gardner y sus colaboradores podrían afirmar que Harrison Ford (actor), no posee una mayor inteligencia que Lionel Messi, sino que cada uno de ellos ha desarrollado un tipo de inteligencia diferente.

Por otro lado, Howard Gardner señala que existen casos claros en los que personas presentan unas habilidades cognitivas extremadamente desarrolladas, y otras muy poco desarrolladas.

La inteligencia no existe, sino que en realidad hay muchas inteligencias independientes, afirmaba Gardner

**Inteligencias múltiples: 8 tipos de inteligencia**

Gardner ha logrado identificar y definir hasta ocho tipos de inteligencia distintas.

- **Inteligencia lingüística**

  La capacidad de dominar el lenguaje y poder comunicarnos con los demás.

  La inteligencia lingüística no solo hace referencia a la habilidad para la comunicación oral, sino a otras formas de comunicarse como la escritura, la gestualidad; escritores, políticos, periodistas, actores..

- **Inteligencia lógico-matemática**

  En muchos años, la inteligencia lógico-matemática fue considerada la inteligencia en bruto. Suponía principal del concepto de inteligencia, y se empleaba como punto de medida para detectar cuán inteligente era una persona.

  Como su propio nombre indica, este tipo de inteligencia se vincula a la capacidad para el razonamiento lógico y la resolución de problemas matemáticos. La rapidez para solucionar este tipo de problemas es el indicador que determina cuánta inteligencia lógico-matemática se tiene.

Ejemplo: contadores, científicos economistas, matemáticos.

- **Inteligencia espacial**
  Nos permite observar el mundo y los objetos desde diferentes perspectivas. Las personas que destacan en este tipo de inteligencia suelen tener capacidades que les permiten idear imágenes mentales, dibujar y detectar detalles,y un sentido personal por la estética.

  En esta inteligencia encontramos pintores, fotógrafos, diseñadores, publicistas, arquitectos, creativos.
- **Inteligencia musical**
  Partes del cerebro ejecutan funciones vinculadas con la interpretación y composición de música. Como cualquier otro tipo de inteligencia, puede entrenarse y perfeccionarse.
  Personas en esta clase de inteligencia son aquellos capaces de tocar instrumentos, tienen excelente oído, pueden leer y componer piezas musicales con facilidad, cantantes artistas.

- **Inteligencia corporal**
  Trata sobre las habilidades corporales y motrices que se requieren para manejar herramientas o para expresar ciertas emociones.
  Capacidad sobresaliente en expresar y despertar

sentimientos mediante el cuerpo, ejemplo: bailarines, actores, deportistas, y hasta cirujanos y creadores plásticos, pues todos ellos tienen que emplear sus habilidades físicas.

- **Inteligencia intrapersonal**
  La inteligencia intrapersonal refiere a aquella inteligencia que nos faculta para comprender y controlar el ámbito interno de uno mismo.
  Las personas que sobresalen en inteligencia intrapersonal son capaces de acceder a sus sentimientos y emociones y reflexionar sobre estos.
- **Inteligencia interpersonal**
  Trata de una inteligencia que permite interpretar las palabras o gestos, o los objetivos y metas de cada discurso.La inteligencia interpersonal evalúa la capacidad para empatizar con las demás personas.
  Es una inteligencia muy valiosa para las personas que trabajan con grupos numerosos. Profesores, psicólogos, terapeutas, abogados y pedagogos.

- **Inteligencia naturalista**
  Permite detectar, diferenciar y categorizar los aspectos vinculados al entorno, como por ejemplo las especies animales y vegetales o fenómenos relacionados con el clima, la geografía o los fenómenos de la naturaleza.

Howard Gardner tiene toda la razón, considero que cada uno de nosotros tiene ciertas habilidades (inteligencias) más desarrolladas que otras.

**PERO...**

En el año 1995 Daniel Goleman psicólogo, periodista y escritor estadounidense adquirió fama mundial a partir de la publicación de su libro inteligencia emocional.

Coleman expresa en este libro, como la correcta administración de nuestras emociones puede fortalecernos e inclusive ayudar a mejorar nuestra vida profesional, y en como la falta de la misma puede influir en el intelecto de las personas.

> *"No se puede tener éxito sólo dependiendo de nuestras facultades intelectuales. El manejo correcto de las emociones son la piedra angular del éxito"- COLEMAN.*

Creo que Coleman tiene la razón y tengo la seguridad de que una de tus columnas principales para alcanzar tu éxito como emprendedor es un buen manejo de tu inteligencia emocional.

Te lo defino de la siguiente manera, la inteligencia emocional es una combinación de autogestión y habilidades sociales que pueden transformar y optimizar tu desempeño y/o circunstancias.

Generalmente las personas toman decisiones basados en la emoción y no en la razón, y es que no está mal sentir, al contrario de eso se trata la vida.

Lo que no se debe hacer es manejar nuestra vida navegando sobre el profundo mar de las emociones.

Te contare una historia..
Hace años en una región muy lejana vivía un Rey llamado Gerald, que gobernaba con sabiduría y justicia a su pueblo y a su reino, era un hombre afortunado ya que contaba con una esposa amorosa y dos hijos adorables y obedientes que lo amaban.

Se acercaba el cumpleaños del rey Gerald; su esposa e hijos en secreto del rey, citaron a los sabios, inventores ancianos y magos del reino para que entre todos le fabricaran un obsequio maravilloso al rey, que lo sorprendiera y que fuera el mejor regalo que un hombre de su clase pudiera recibir en su cumpleaños (teniendo en cuenta que el rey Gerald poseía todas las riquezas que un hombre pudiera tener).

Pasaron las semanas y llegó el día del cumpleaños del rey, hubo fiesta en toda la nación, bailes y celebraciones, ya que para la gente del reino, su rey era un hombre de admirar y querer, ya que reinaba con amor y justicia.

Llegada la noche se celebraba el banquete real, toda la familia del cumpleañero, los condes y la alta sociedad del reino se encontraban felices y departiendo. La reina emocionada con sus hijos tenía en sus manos un cofre con el obsequio que se le había entregado horas antes por parte de los sabios, científicos y magos de toda la región.

*"Amado mío eres un hombre maravilloso y un rey inigualable"*-hablaba la reina colocándose de pie sosteniendo en sus manos el cofre que guardaba el gran obsequio.-*" Durante semanas tus hijos y yo junto con muchas personas sabias del pueblo, estuvimos trabajando para darte un obsequio, que te sirviera para toda la vida y que no se comparara con todas las riquezas y poder que tienes"*-. Le entregó con un fuerte abrazo y beso al rey el cofre, y en el momento de abrirlo se encontró Gerald con una rollo pequeño de papel, miró extrañado a la reina y esta le dice *"Este pequeño pergamino contiene el más grande de los regalos pero solo lo puedes abrir y leer en dos momentos claves en tu vida; en un momento de mucha alegría y felicidad, o en un momento de mucha angustia y turbulencia".*

El rey asintió con la cabeza y a pesar de la curiosidad decidió honrar el obsequio, ordenó fabricar un collar de oro y en el interior de la medalla del collar, guardo el pequeño papel para tenerlo siempre cerca.

Siete años después, el reino de Gerald era asediado por una tribu muy poderosa de guerreros salvajes, y a pesar de luchar con todo su ejército y con todas sus fuerzas, fue vencido y los salvajes lograron ingresar al reino, quemando, arrasando  matando a todos los habitantes y violando a sus mujeres. Gerald se encontraba escondido con su esposa y sus dos hijos en el castillo asustados escuchando gritos de las víctimas y risas de los salvajes.

Dentro de la habitación en la que se encontraban, había un pequeño acantilado que con esfuerzo de los hijos y el rey pudieron abrir para poder escapar; Gerald decidió ir primero para cerciorarse que el acantilado estuviera libre de peligro, con tan mala fortuna que cuando ingreso al acantilado hubo una explosión en las afueras del castillo y el temblor provocado por la explosión derrumbó  la entrada del acantilado matando a sus esposa y a sus hijos. Gerald al ver la escena estalló en llanto y corrió saliendo del castillo huyendo de los salvajes que lo perseguían, corría y corría escuchando no muy lejos los caballos y sus enemigos tratando de cazarlo. De repente saliendo del bosque se encuentra con un precipicio, él, en la orilla sudado y  angustiado ve que no tiene salida y solo espera agitado y lleno de terror la llegada de los salvajes... de repente recuerda el pequeño pergamino que tuvo como obsequio aquel cumpleaños hace 7 años y rápidamente se quita el collar y abre la medalla saca el rollito de papel y lo desenrolla... en ese momento y al leer su apreciado obsequio, respira profundamente, se calma un poco y observando el entorno en el que se encontraba se fijó en una roca a la orilla del precipicio y en ella se escondió. Llegaron los salvajes, lo buscaron sin éxito y se alejaron como perros rabiosos a seguir cazando en otro lugar

Salió de su roca salvadora, y con mucha tristeza y rabia en su corazón, pero con calma entendió que todo lo había perdido, que su vida había cambiado. Decidió entonces esconderse en el bosque y tratar de iniciar un estilo de vida diferente.

Pasó el tiempo y durante meses reclutaba personal de su pueblo que como él, alcanzó a escapar al bosque y eran sobrevivientes; durante más de diez años preparó y formó un nuevo ejército que pudiera hacerle frente a los salvajes y así, recuperar sus tierras y su reino.

Fue una sangrienta batalla, pero obtuvo la victoria y logró recuperar el castillo, sus riquezas y su reino; estaba feliz y eufórico, inundado de vino, fiesta y mujeres, pero en un momento recordó nuevamente el pequeño pergamino; lo destapó leyó y suspiró, paró de beber y ordenó que todos descansara porque había mucho trabajo que hacer.

Sabes que decía el pergamino?
*"ESTO TAMBIEN PASARÁ¡"*

Una pequeña frase salvó la vida de rey Gerald, y cada vez que leía su pequeño pergamino, entraba en razón y actuaba de una manera diferente, independientemente de las circunstancias que lo rodeaban.

Pero realmente esta frase tenían tanto poder? Y esta historia que tiene que ver con la inteligencia emocional?.

Te responderé que efectivamente la frase es muy poderosa y la historia en todo tiene que ver con nuestro importante tema acerca de la inteligencia emocional.

Cuando escuche esta historia por primera vez, estaba pasando por un momento muy difícil en mi vida, y cuando estamos pasando por momentos difíciles en nuestras vidas, creemos que nunca vamos a salir de estas tormentas, y al pensar de esa manera, tomamos malas decisiones, porque estamos pensando con la emoción y no con la razón.

Al escuchar la frase "esto también pasará", no desapareció el problema, pero entendí que de ese momento difícil iba a salir, y que dependía exclusivamente de mi fortaleza,mis decisiones y del tiempo que tardaría en solucionar mi tormenta.

En otras palabras, aplique en mis pensamientos la (INTELIGENCIA EMOCIONAL).

Lo primero que debes saber es que ser inteligente emocionalmente no tiene que ver con cambios de personalidad o de actuar de una manera diferente a tu esencia.

La IE en nuestra vida diaria es tener la capacidad rápida de entender la situación que enfrentamos y actuar de una manera racional y no emocional.

Ser inteligente emocionalmente es tener la capacidad de viajar mentalmente en el tiempo y ver los escenarios que se crearon por la decisión que tomaste; y este viaje hacerlo en milésimas de segundos.

Muchas veces llegamos de la calle, molestos y cansados, se nos acercan nuestros hijos o nuestra pareja y los tratamos mal sin ninguna justificación, como si ellos fueran los responsables de nuestros problemas.

o en ocasiones estamos atascados en el tráfico y empezamos a maldecir o a gritar en nuestro vehículo, como si eso lograra que el tráfico desapareciera en el instante. Por citar algunos ejemplos.

Recuerda:
*El dolor es inevitable, el sufrimiento opcional.*
*La rabia es inevitable, la violencia opcional.*
*Perder es inevitable, la frustración opcional.*
*La decepción es inevitable, el rencor opcional.*
*"Tú debes ser producto de tus decisiones y no de tus emociones."*

Las emociones no son malas, de hecho, la vida se trata de esto, de emocionarse de sentir, de pasiones, lo que sucede es que no podemos llevar nuestra vida conforme a nuestras emociones.

*En 1960, el doctor Psicólogo Paul D. MacLean postuló que la estructura cerebral del ser humano obedecía a un proceso evolutivo de adaptación. En este proceso, podían distinguirse tres estructuras perfectamente, las cuales podían explicar de forma simple y certera el comportamiento humano. Denominó así la arquitectura del cerebro en tres componentes: un cerebro reptiliano, un cerebro límbico, y un cerebro neocortical complejo. A cada una de estas regiones les atribuyó funciones ligadas a su semejante biológico. Así, el cerebro reptiliano controlaba los procesos de supervivencia, el cerebro límbico era el centro de las emociones e impulsos de deseo, y el cerebro neocortical era el centro de los pensamientos, la abstracción matemática y el lenguaje verbal.*

*PAG NEUROMARKETING*

A pesar de que este concepto está muy desactualizado, en el campo de la neurociencia aún es un concepto muy válido, y en lo personal también lo es.

Dentro de ti existen estos tres cerebros muy diferentes, sin embargo cada uno de ellos hace parte de tu identidad y define tu vida como ser humano.

Así de sencillo, nuestro cerebro se compone de tres partes que rigen nuestras funciones y por ende nuestras reacciones y comportamientos.

Cerebro reptiliano: Instintos-impulsos de supervivencia.

Cerebro límbico: Emociones, deseos pasiones.

Cerebro Cortical: Pensamiento racional.

**¿Como se logra incrementar la IE y porque en muchas personas se dificulta tanto aplicarla?**

Te ha pasado que al escuchar determinada canción tu estado de ánimo cambia?.

Alguna vez a mis 17 años laboré en el bar de un amigo y era el encargado de colocar la música;

aprendí ciertas cosas en este oficio, como el saber qué clase de música colocar para incrementar los pedidos de licor, era increíble como determinadas canciones influían en las decisiones de compra de los rumberos, la música despertaba emociones en las personas y por lo tanto sus decisiones estaban totalmente dominadas por el cerebro límbico.

Pero es cierto que también notaba personas que disfrutaban la música pero su consumo de licor era medido y calculado, es decir su cerebro cortical estaba más fortalecido en la toma de las decisiones.

En nuestro entorno social las personas reaccionan de tres formas diferentes; desde su instinto (cerebro reptiliano), por emociones (cerebro límbico), o de manera racional (cerebro cortical), y el desarrollo de la IE en unas personas más que en otras depende directamente en sus hábitos de vida. Es decir, mantener un equilibrio de pensamiento y reacción, es influido por tus costumbres diarias.

Para iniciar tu proceso como emprendedor debes fortalecer en gran manera tu cerebro cortical el que rige tu parte racional, y para esto debes tener estos hábitos:

- **Leer dos libros al mes**, la lectura fortalece de una manera increíble tu cerebro cortical, esto logra que frente a momentos de mucha emocionalidad tu parte cortical actúe y te haga razonar antes de reaccionar emocionalmente

- **Disminuye el escuchar música;** la música fortalece tu parte límbica, es decir tus emociones, y corres el riesgo de tomar decisiones por emoción y no por razón.
- **Duerme no menos de 8 horas diarias**, es importante que tu cuerpo siempre tenga un correcto descanso.
- **Realiza actividades que mantengan tu autoestima alto**, seguridad en ti mismo ayuda a disminuir el temor cuando debas tomar decisiones.

Cuando logras mantener un correcto equilibrio de tus tres cerebros y entender rápidamente que postura debes asumir frente a las diferentes circunstancias que se te presentan tendrás claro el contexto y el contenido de tu vida.

Te voy a dar un ejemplo: tienes un vaso con agua,

**Vaso: contexto (vida)**
**Agua: contenido (momentos-circunstancias)**

Supongamos que tienes una relación de pareja, en la cual te sientes seguro/a y estas muy feliz de lo que estás viviendo. De repente recibes una llamada en la cual se te presenta una oportunidad profesional que incluye viajar al exterior, oportunidad la cual antes de conocer tu pareja actual, habías buscado incansablemente.

Lo comentas con tu pareja, y esta te manifiesta que si tomas esta oportunidad la relación se acaba. Estas en un predicamento y no sabes que hacer.

En este momento debes tener claro quién es el vaso y quien el agua, en otras palabras contexto y contenido.

Tu vaso es tu oportunidad de desarrollarte profesionalmente porque es tu visión y el agua es tu relación de pareja porque es un momento de tu vida. Así que debes tener claro que tu decisión debe ser conforme al contexto (vaso) y no a tu contenido (agua).

Contexto pensamiento racional y contenido pensamiento emocional.

Recuerda, jamás se podrá tener un proyecto de emprendimiento estable sobre una persona inestable.

# CAPITULO 6.
# AFRONTA LOS HECHOS AL DESNUDO

***"Cuando cambias la forma de ver las cosas, las cosas cambian de forma"***

En mi experiencia dirigiendo personal, he podido comprender lo difícil que puede ser aceptar por autocríta los problemas y dificultades que se presentan en la vida, es decir no entendemos que casi el 90% de las tormentas que vivimos, nosotros mismos las creamos con nuestras acciones.

La respuesta generalizada y facilista es pretender asumirle la responsabilidad de nuestros momentos tristes y momentos difíciles a Dios, al destino o a los demás

**Lo divino y lo humano**

Entender la situación actual, el presente, el aquí.. el ahora

*"El pesimista se queja del viento*
*El optimista espera que cambie*
*El realista ajusta las velas".*
*William George Ward.*

A veces escucho la frase, "Dios porque a mí" o porque me haces esto Dios mío" o también "es que es la voluntad de Dios".

Quiero explicarte un aspecto muy importante de nuestra relación con Dios sin caer en pretensiones o conceptos religiosos; yo creo en Dios, de hecho la espiritualidad es muy importante en mi vida, pero no puedo estar culpando o metiendo a Dios en todas las cosas que suceden en mi vida y te voy a explicar el porqué.

Dios nos dio una cualidad muy poderosa llamada libre albedrío, esto quiere decir que nos dio la capacidad de elegir, de seleccionar y de tomar decisiones, te puedo asegurar que la mayoría de los problemas que tienes en la actualidad son consecuencias de malas decisiones y acciones que tomaste en un pasado.

Dios lo que hace es hablarle a tu corazón y tú decides si lo escuchas o no.
Muchas personas cuando tocan fondo se arrodillan y le reclaman a Dios como si él fuera el culpable, y no lo es.

Si tú eres un alcohólico y adicto a los casinos como será tu futuro, si te gusta dormir hasta medio día y le sacas el cuerpo al trabajo, como será tu futuro, si vives engañando a la gente estafándola en los negocios, como será tu futuro.

Dios colocó en este mundo el libre albedrío y las leyes universales de la naturaleza, y sobre este plano vienen tus decisiones y tu manera de vivir la vida, y no se trata de lo que tú creas o no, se trata de pragmatismo lógico, de entender que Dios ya te dio todo para que tuvieras éxito en la vida, y que depende de ti y tus decisiones.

**Como identificar cuando algo nos conviene y cuando no?**

Una cosa es responsabilizar a Dios sobre las cosas que vivimos y otra muy diferente es no saber escuchar o ver las señales que Él nos coloca en nuestro camino.

El punto importante para identificar una circunstancia de nuestra vida como una señal divina, o como una consecuencia de nuestro actuar, es tomar en cuenta la causa generadora.

Te colocare un ejemplo,

<u>Escenario 1:</u> Tienes una entrevista de trabajo muy importante lunes por la mañana, pero el domingo te

trasnochas viendo películas hasta muy tarde, así que cuando te suena el despertador, estas tan profundo que no lo escuchas, te despiertas asustado sobre la hora, te alistas muy rápido sales y tomas el transporte, justo hay trancón y llegas 15 minutos tarde y pierdes la entrevista.

**Reacción normal** "si no fuera por ese trancón hubiera llegado a la entrevista, eso era porque no me convenía"

**Reacción lógica y autocrítica** "si no me hubiera trasnochado, a lo mejor me hubiera levantado temprano y así evitar el trancón de la hora pico y llegar a tiempo**", por mi culpa perdí esta oportunidad**

Escenario 2: Tienes una entrevista de trabajo muy importante el lunes por la mañana, el domingo preparas tu ropa y te acuestas temprano para levantarte con tiempo y alistarte cómodamente, llegas a la oficina para presentar la entrevista pero te informan en recepción que la vacante ya se ocupó con un familiar del propietario de la empresa.

**Reacción normal** "en este país si no tengo palancas o influencias no tendré oportunidades"

**Reacción lógica y autocrítica** "hice lo que tenía que hacer, cumplí con la hora, llegue bien presentado y preparado, pero no estuvo en mi poder la decisión de los jefes de la compañía". No era para mí"

Así funcionan las señales Divinas, ya que las eventualidades en tu vida se originan de dos formas, la primera como consecuencia de tus actos, o la segunda suceden por razones naturales que no estaban en tu poder de acción u omisión generarlas, esta es la gran diferencia para identificar una señal espiritual.

**EL DESTINO**

Se entiende que sería como una sucesión inevitable de acontecimientos de la que ninguna persona puede escapar.

Crees en el destino?, crees que de alguna forma el universo o una fuerza superior, Dios ya tiene escrito o planeado que será de tu vida en unos años?.

En tu proceso de transformación para ser un gran emprendedor, debes tener claro que el destino no es para ti, es decir no estas predestinado a absolutamente nada porque tú tienes el maravilloso poder de crear tu futuro.

El hecho de que hayas nacido en una familia disfuncional, en un ambiente de pobreza y necesidad, no le da derecho a la vida a que tengas la misma vida de tus padres. Tú tomas la decisión de crear tu destino, tus actos, tus pensamientos, tus sueños marcaran un camino en el que tú serás el arquitecto, tenlo presente, porque cuando lo tengas bien claro te ahorraras mucho tiempo en momentos difíciles tratando de quejarte y de buscar culpables.

De esto se trata este capítulo, de que logres entender tu realidad. Nadie tiene la responsabilidad de hacer las cosas por ti o ayudarte, afronta la realidad de tu vida y se consciente de las consecuencias de tus actos.

Como emprendedor debes afrontar todos tus hechos al desnudo.

**Tu presente son tus actos del pasado y tu futuro son tus actos del presente.**

Para una vida de fracasos hay mil excusas, para el éxito ninguna.

## PARA RECORDAR

Esta primera parte del libro está centrada es tratar de ayudarte a que se dé una transformación interior para que puedas lograr ser un emprendedor exitoso, recuerda que debes tener presente y aún más aplicar estos conceptos en tu vida.

- Tú eres tú y tus circunstancias, y debes saber actuar frente a las personas que te rodean y a lo que estas enfrentando en ese momento.
- La buena suerte depende de tres factores

    1. Buscar esa suerte.
    2. Estar preparado.
    3. Creer en ti mismo.

- Los paradigmas hacen daño ya que generalizan situaciones específicas que para cada persona son muy diferentes
- No necesitas tener un título académico para que seas exitoso.
- Tu matriz de abundancia debe ser pensamiento Águila.
- Tener clara tu visión de vida es fundamental para tu éxito como emprendedor.
- Afronta tu presente como consecuencias de actos de tu pasado, y tu futuro como resultado de lo que estás haciendo en presente.

# SEGUNDA PARTE

## ÁRMATE PARA BATALLAR

EL CONOCIMIENTO TE DA PODER DE ELECCIÓN. LA HABILIDAD PODER DE EJECUCIÓN.

Ser emprendedor es una tarea compleja, y por esta razón es necesario que te armes de conocimientos y habilidades para el gran reto que vas a enfrentar en tu proyecto de vida como emprendedor.

Si bien es claro que existen muchos temas de preparación acerca del tema, cierto es que en ninguno aprenderás de forma concisa como ser un emprendedor, puesto que hay conocimientos que solo aprenderás en la experiencia, pero no quiere decir que el ser emprendedor no implique desarrollar habilidades y conocimientos que vas a necesitar para tener éxito. Quiero aclararte que existe una gran diferencia entre ser un emprendedor y ser un empresario, algunas personas creen que es lo mismo, pero lo cierto es que son cosas totalmente diferentes y te lo explicaré con una metáfora práctica.

Una mariposa antes de ser mariposa, pasa por un proceso en el cual realiza una metamorfosis completa, pues poseen un ciclo vital con cuatro procesos muy distintos pero necesarios: huevo, oruga pupa, y mariposa.

La pupa es el proceso en el que vez que la oruga se cuelga de alguna rama y se transforma en una especie de bulto sellado, como una especie de momia inerte, en donde reorganizará su anatomía desarrollando patas, alas, cabeza, tórax y abdomen, protegiéndose además con un método de camuflaje para evitar a los depredadores. Permanecerá así hasta que llegue el momento de extender sus alas y transformarse en mariposa, en pocas palabras la pupa es un proceso necesario para lograr su objetivo. Con esta metáfora te quiero explicar que el ser emprendedor es como ser la pupa, y el ser empresario es como ser la mariposa.

# CAPITULO 7. HABILIDADES TÉCNICAS

"El hombre hábil es superior al hombre fuerte."
Las habilidades técnicas son aquellas que sirven para desempeñar una función específica y que se desarrollan por medio de la formación, capacitación o entrenamiento.

Debes diferenciar que una cosa en el conocimiento y otra es la habilidad.

**Metáfora:**
En la segunda guerra mundial los aliados estaban teniendo duras perdidas en el atlántico a causa de los submarinos nazis que sin tregua asestaban duros golpes a los navíos, destructores y submarinos aliados.

Se realizó una reunión con los altos mandos militares políticos,eatrategas y científicos para buscar una manera rápida y eficaz de poder combatir al enemigo... luego de varias horas, un prestigioso científico grito emocionado "lo tengo, sé que debemos hacer para eliminar los submarinos nazis"¡- todos emocionados en el salón esperaban la explicación.

-*"vamos a calentar el agua del mar de tal manera que el acero de los submarinos no puedan resistir la temperatura y tengan que salir a la superficie- ahí son nuestros"¡*

Se escuchó un estruendoso aplauso- bravo¡¡ excelente todos en júbilo. Interrumpe un general y pregunta *"¡excelente idea pero bueno como podríamos ejecutar esta gran estrategia"¡?*

Responde el científico *" ah eso si no lo sé,, yo doy la idea, ahora les toca a Uds como hacerla realidad"!:*

La buena noticia es que para convertirte en un emprendedor, y uno bueno, no necesitas combatir submarinos nazis, pero si necesitarás ciertas habilidades técnicas (de ejecución) que te ahorraran mucho tiempo, dinero y te dará mucha fuerza de empuje con respecto al producto o servicio de tu emprendimiento. Te las comparto a continuación

**Habilidad 1. Comunicación escrita**

Esta forma de comunicación es fundamental para tener excelentes resultados como emprendedor, ya que tu producto o servicio está sujeto a la calidad de la información que das.

Hoy en día la comunicación escrita es el 80% de la comunicación inicial que tendrás con futuros clientes, socios proveedores etc. y esto se da por los canales de comunicación existentes: whatsapp, Facebook, redes sociales en general.

Debes tener en cuenta tres puntos clave en tu comunicación escrita.

- Redacción.
- Ortografía.
- Contenido.

Todas nuestras comunicaciones escritas no son las mismas ya que las circunstancias son distintas. Existe la comunicación escrita con objetivos diferentes: **Objetivo publicitario** Se genera a través de herramientas físicas y tecnológicas

| FÍSICAS | TECNOLÓGICAS |
|---|---|
| Volantes<br>Brochures<br>Tarjetas de presentación<br>Propuestas comerciales | Difusión por whatsapp<br>Publicidad por Facebook<br>Mensajes de texto<br>Publicidad por internet |

Cuando inicié mi primer proyecto de emprendimiento, realice una publicidad en la cual quería informar todos los servicios que podría ofrecer. Utilice todas las herramientas de comunicación escritas, físicas y tecnológicas a mi alcance y la verdad no logré mayor resultado positivo, pensaba que el hecho de informar acerca de mis servicios era suficiente y en realidad no lo era, sencillamente no poseía habilidades en comunicación escrita enfocada en objetivos publicitarios.

Entendí que, a pesar de mis estudios Universitarios en comunicación social, no tenía la habilidad de crear comunicación escrita publicitaria atractiva. Fue así que, con investigación, práctica y experiencia, pude desarrollar esta magnífica habilidad, así que te daré algunas pautas importantes para que apliques cuando trates de desarrollar publicidad escrita eficaz, sea física o sea tecnológica.

***Recomendaciones***

- Utiliza una palabra de “enganche” en tu publicidad.
- Se puntual en la publicidad, las personas generalmente no leen toda la información de una publicidad escrita.
- Utiliza colores primarios.
- Dale tamaño a la letra de acuerdo a la importancia de la información y no seas plano en la escritura.
- Contesta las preguntas que todo consumidor se hace cuando lee una publicidad..Que es?, Para qué sirve? el costo?, pero debes ser

muy estratégico para que esa información la proporciones de una manera llamativa.

- Antes de lanzar cualquier tipo de publicidad escrita, revísala tres veces, si puedes con otra persona y así poder identificar cualquier error de redacción u ortografía.
- Recuerda cual es el objetivo de la publicidad, y afrontar con resultados si funcionó o no.
- Promociona un producto o servicio, dependiendo lo que ofrezcas, pero solo uno, no ofrezcas varios productos o servicios en la misma publicidad.

Estas son algunas recomendaciones básicas, que te ayudarán cuando desees utilizar estas herramientas publicitarias de comunicación escrita.

***SALVAVIDAS***

- ***Aprovecha una aplicación que en mi opinión es muy practica en la cual encontrarás plantillas prediseñadas gratuitas, de todos los tamaños y todos los formatos, para que practiques y también para que utilices en tu publicidad, su nombre es Canva.***
- ***Observa muy bien la publicidad de marcas exitosas, te ayudará mucho y te servirá como guía.***
- ***Desarrolla tres modelos diferentes de la misma publicidad y enséñasela a tres personas***

***diferentes que sean ajenas a tu proyecto y retroaliméntate de sus reacciones.***

**Objetivo Informativo:** Se genera a través de herramientas físicas y tecnológicas.

| FÍSICAS | TECNOLÓGICAS |
|---|---|
| Cartas de presentación | Presentación por whatssap |
| Cartas de solicitudes | Presentaciones Power point |
| Cotizaciones | Presentaciones por Prezzi |

A diferencia del publicitario, el objetivo informativo lleva a profundidad el concepto de tu proyecto de emprendimiento. Ten la seguridad que como emprendedor, es necesario familiarizarte con las herramientas físicas y tecnológicas que están en el recuadro.

Un protocolo adecuado en el manejo de estas herramientas te dará una imagen de respeto e importancia ante el receptor ya que solo te está conociendo por la información que está recibiendo de tu producto o servicio.

***Recomendaciones***

- Nunca auto adules tu producto o servicio en la información que envías.

- Toda carta física que envíes, entrégala con una copia para que te den un recibido y guárdala por fecha en un archivador, más adelante puedes necesitar ese recibido.
- No involucres sentimientos personales en la información que envíes. Recuerda que eres un emprendedor y debes irradiar estabilidad emocional.
- Lee mucho, la lectura te da poder de redacción.
- Utiliza un whatssap específico para tu rol como emprendedor y otro personal, y si no es así ten cuidado con tus perfiles y estados que publiques.
- La letra tipo arial es la más indicada para cartas y cotizaciones.

***SALVAVIDAS***

- ***Prezzi es un programa gratuito de presentaciones muy llamativo, en la cual la información se aloja en la nube, baja el tutorial por internet y practícalo.***
- ***Iniciando y mientras tomas la habilidad, existen muchos tutoriales y modelos de presentación de cartas por internet.***
- ***Toda información que envíes por correo, envíala en formato PDF***

**Habilidad 2. Hablar en público.**

Para ti como futuro emprendedor, la habilidad de hablar en público es crucial, no solo porque en ocasiones es necesario hacerlo, sino porque te da una fortaleza y seguridad interior increíble, por eso es importante saber hablar en público, transmitir las ideas y no aburrir.

Recuerda que en este capítulo estamos hablando de la importancia del desarrollo de habilidades, y el hablar en público no se aprende con teoría si no con práctica. Una cosa es saber dominar un tema y otra muy diferente es transmitirlo a un público de una manera clara, contundente y efectiva.

Durante mucho tiempo, en el colegio y en la Universidad les huía a las exposiciones, me sentía muy inseguro y prácticamente mi mente quedaba en blanco cuando me paraba al frente de mis compañeros para exponer, y es irónico teniendo en cuenta que estaba formándome como profesional en comunicación social, pero los docentes eran flexibles y permitían apoyos visuales, y lo que hacíamos era colocar las diapositivas del tema en particular, pararnos al frente y leer; y así sorteábamos este temor.

Fue en el 2009 que para obtener un ascenso, uno de los requisitos principales era tener la capacidad de hablar en público, ya que una de las funciones del cargo que aspiraba, consistía en realizar charlas de información y motivación para empresas y para el personal subalterno, y vaya que si me costó, aparte de mis inseguridades, hablaba muy pacito y me sentía torpe al utilizar un micrófono. Recuerdo que se acercaba la fecha de los ascensos y mi jefe llevaba estas charlas y conferencias, y cada vez que me informaba que la próxima la llevaría yo, le sacaba una excusa, sea que estaba enfermo de la garganta, o no me sentía bien, y las excusas se me estaban acabando. Cierto día mi jefe me informó que lo acompañara a realizar la presentación de los servicios de la empresa a un grupo de docentes.

*"- Necesito que me vea y tome apuntes mientras realizo la charla, para que luego ponga en práctica lo visto",* me manifestó-.

Llegamos al auditorio, y observé que eran aproximadamente unas 50 o 60 personas, pero estaba tranquilo porque solo me iba a sentar en un costado, con mi agenda tomaría apuntes para luego en la intimidad de mi cuarto poder practicar.

Se coloca mi jefe frente al auditorio toma el micrófono, se presenta y dice. *" a continuación mi compañero, el director de proyectos de la empresa les llevará esta importante charla"*-..se me acerca y me pasa el micrófono, mientras lo miraba con pánico y rabia a la vez, no sabía que hacer, y aunque conocía la información, no concebía la idea de pararme frente a todas esas personas y mucho menos hablarles, pero era una de esas situaciones que no tienes escapatoria, o lo hacía o salía corriendo y perdía mi ascenso...y tal ves mi trabajo

Me coloqué de pie mientras sentía que las gotas de sudor frio bajaban por mi espalda, y con voz temblorosa inicié la charla. Claro fui un fiasco, información errónea, obvié otra parte, la gente empezó a retirarse del auditorio, y esos 20 minutos que solo di de charla se me hicieron una eternidad.

Al terminar todo mi suplicio, muy molesto me acerco a mi jefe y le hago el reclamo por qué no me avisó de lo que pensaba hacer; me contestó – *"la única forma de que pierda el miedo para hablar en público es precisamente hablando en público".*

Un verdadero emprendedor debe poseer esta gran habilidad, y les confieso que una de mis pasiones profesionales en la actualidad es poder dar charlas, exposiciones y conferencias. Fíjate bien, uno de mis mayores temores se transformó en una de mis mayores fortalezas.

**Que se necesita para desarrollar esta habilidad**

Lo primero que debes hacer, es perder el miedo y la única forma de hacerlo es enfrentándolo, es decir haciéndolo. Sabes por qué las personas le tienen miedo hablar en público?-por la sencilla razón de sentirse expuestos, y la exposición nos hace sentir vulnerables y frágiles a la crítica, la burla, el mal comentario, y no está mal sentirse así, porque todos en algún momento de nuestras vidas lo hemos sentido, unos con más intensidad que otros, pero es el mismo sentimiento, y lo más complicado es permitir que pase el tiempo viviendo con este temor.

Así que, si es tu caso, debes ser consciente que como emprendedor debes ser hábil al hablar en público, y si tienes temor vamos a trabajar en ello siguiendo estos pasos.

Lo primero que vas hacer es ir a un karaoke, sea solo o acompañado iras y cantarás, si ves que estás ahí pasan los minutos y aún no te lanzas, tomate algo fuerte para llenarte de valor y hacerlo; no importa si cantas bien o mal, lo importante es que te estas exponiendo; canta todas las veces que puedas, entre más lo hagas más rápido le perderás el temor a la exposición.

Lo segundo que harás es colocar tu celular a una distancia de tres metros y ponerlo en modo grabación de voz, estando de pie vas a hablar de cualquier cosa que desees durante 2 minutos, luego escucharás la grabación, y cada día amplia la distancia entre el celular y tú. La idea es que puedas escucharte de forma clara y sostenida en la grabación con una distancia de unos 5 metros, esto te ayudará para que la voz, no te tiemble o se te escuches forzada.

El tercer paso es videograbarte hablando de pie durante 4 minutos, pero sin mirar la cámara, este ejercicio te ayuda en observar tus gestos y tus movimientos.

Cuarto paso, ve a una iglesia (independientemente de tus creencias)en horario de misa y ofrécete para leer uno de los evangelios, esta actividad te ayudará a sentirte cómodo con tu tono de voz, ya que en la iglesia el eco es fuerte.

Quinto paso, busca reunir un grupo de personas, sean amigos o familiares, realízales una exposición sobre algún tema, sin necesidad de que les informes que tratas de adquirir la habilidad de hablar en público. Lo importante es que los mantengas concentrados en tu charla durante 30 minutos. Es importante que no utilices ayuda escrita, solo apóyate con imágenes.

Sexto paso; práctica, práctica y práctica, no hay otra forma en volverte habilidoso en este importante tema, busca cualquier oportunidad para hablar en público y te darás cuenta con el tiempo que te irás soltando y adquiriendo confianza.

## Recomendaciones

- Si en algún momento tu mente queda en blanco, realiza una interrupción estratégica, puedes lanzar una pregunta al público, o también que se te caiga algo por ejemplo tu lapicero o llaves (mientras lo levantas te acordarás o improvisarás) lo importante es que tu auditorio no descubra que se te olvidó lo que les querías decir. Tranquilo tu mente traerá la información en segundos.
- Utiliza marcadoras, es decir tarjetas pequeñas enumeradas, y con una palabra clave para que las puedas ver durante tus charlas y vayas enlazando los temas sin problemas si saltarte alguno u olvidarte.
- No seas plano en la forma de hablar porque con seguridad aburrirás a tu público y algunos se te dormirán.
- La presentación personal es fundamental, jamás utilices algún accesorio o atuendo con el que no te sientas seguro.
- Apóyate en imágenes visuales.
- Realiza en algunos momentos preguntas al público, esto ayuda a que las personas estén más concentradas en lo que estás hablando.

## *SALVAVIDAS*

- ***Práctica en tu habitación, un día antes de cualquier charla, con la ropa que te vas a colocar frente a un espejo cuerpo completo.***
- ***Amarra los perros antes de iniciar la charla, es decir, coloca las condiciones iniciando la exposición para evitar que alguna eventualidad o algún presente te desorganice tus temas. Lo que hago yo es lo siguiente: Primero delante de todos saco mi celular y en voz alta digo" voy a colocar en modo silencio mi celular por respeto a uds"...esto hace que la mayoría haga lo mismo. Segundo manifiesto lo siguiente " Uds. están en toda la libertad de realizar cualquier pregunta, solo les pido el favor que si estamos hablando del tema x, pregunten sobre el tema x, o si estamos hablando del tema y, pues pregunten sobre el tema y", esto hace que las personas vayan a tu ritmo, y tercero puedes decir algo como " el hecho de que el auditorio o la sala este cerrado no quiere decir que estés obligado/a a estar acá, si el tema no es de tu agrado y no te sientes comodo/a te puedes retirar y no pasa nada"...Esto hace que le des opción a las personas que no se sienten a gusto contigo y se puedan retirar y no quedarse en tu charla haciendo gestos o tratando de hacerte quedar mal frente a los demás.***

- ***Recuerda que el auditorio es tuyo y tú tienes el poder sobre tu audiencia, en ningún momento pierdas ese control.***

**Habilidad 3. Tecnología**

El no tener un manejo básico de herramientas tecnológicas como emprendedor te limitará enormemente y no queremos eso.

Nunca fui hábil en el manejo de herramientas tecnológicas, inclusive me parecía un desperdicio invertir en un celular con buena capacidad de almacenamiento o gama alta, y les puedo decir que como emprendedor cometí ese error, pensando que estaba ahorrando dinero, cuando en realidad perdí mucho contratando personas para realizar ciertas tareas que perfectamente podría haberlas realizado yo, dedicando unas pocas horas a la semana aprendiendo.

Hoy en día la tecnología y el manejo informático puede ser un arma de doble filo. Si no eres mínimamente hábil en este campo puede convertirse en un dolor de cabeza y una salida constante de dinero, pero si le dedicas tiempo para aprender y adquirir habilidades en determinadas herramientas, puede convertirse en un gran un aliado estratégico en tu rol como emprendedor.

**Recomendaciones**

- Si puedes invierte en un celular con alta capacidad de memoria y ten un buen plan de datos, tu celular se convertirá en tu herramienta estrella de trabajo.
- Siempre intenta con tus propias habilidades desarrollar cualquier tipo de tarea tecnológica que necesitas, antes de pagarle a un tercero para que la realice.
- Dedica tiempo para aprender estos programas y aplicaciones que te servirán mucho:

Word
Excel
Power point
Prezzi
app canva
app mojo
app boosted
app splice
apps Inshot
apps prequel
Facebook business
Whatsapp busines
Instagram business
twitter

Te recomiendo mucho el arte del E-commerce o comercio electrónico, en internet hay muchas ofertas económicas en cursos de marketing, que te ayudarán mucho, y lo más importante, no dependerás de terceros.

Es inevitable que la habilidad de manejar ciertas herramientas tecnológicas te ahorrarán mucho tiempo y dinero, y con respecto a tu nivel de destreza en este campo, aumenta en la medida que le dediques cantidad y calidad de tiempo.

**Habilidad 4. Finanzas**

La habilidad financiera debe formar parte de tu esencia como buen emprendedor. Puedes tener el negocio más exitoso del mundo, pero si no eres hábil financieramente, ningún dinero será suficiente.

El dinero tiene una particularidad que a lo mejor estás de acuerdo conmigo, es poco cuando lo tenemos y es mucho cuando lo necesitamos.

Con respecto al dinero existen personas que tienen la habilidad de atraer el dinero, otros a retenerlos y algunos a multiplicarlo.

Como emprendedor el desarrollar estas tres habilidades logrará que tu proyecto de emprendimiento sea sostenible y con proyección de crecimiento constante.

La mayoría de los negocios que fracasan se debe por razones financieras ya que esta, constituye el oxígeno de cualquier emprendimiento, tú puedes tener una gran idea de negocio, pero si no te da dinero, sencillamente se convierte en un hobbies.

No profundizare sobre conceptos contables y técnicos ya que nos extenderíamos mucho y nos desviaríamos de los objetivos de este capítulo, pero te daré algunas pautas que en algún momento formaron parte de mis buenas y no tan buenas decisiones a nivel financiero.

## Recomendaciones

- Regla de oro, no gastes más de lo que ganas, será inevitable tu quiebra.
- Colócate un sueldo mensual, y a medida que tu proyecto crezca lo aumentas, inicialmente tal vez no lo puedas hacer, y no te frustres porque así iniciamos todos.
- En lo posible trata de tener una excelente vida crediticia, el sistema financiero puede ser un gran aliado, y si no tienes buena vida crediticia, se muy cumplido en el pago a particulares, tu palabra se puede convertir en un gran capital de trabajo.
- Reconoce rápidamente cuando un activo se puede convertir en un pasivo, y de esto te das cuenta cuando algún producto, servicio o herramienta de trabajo te da más gastos que ganancias.

- Si eres comprador compulsivo, no cargues dinero si no es necesario, créeme que lo terminarás gastando.
- Nunca vayas a un cc comercial o a un supermercado con apetito, esto genera ansiedad y por lo tanto gastaras dinero en cosas que no tenías pensado comprar.
- No saques cosas a crédito a menos que estas se paguen solas, ejemplo si tu proyecto tiene que ver con tecnología un buen computador sería una buena deuda, pero unos tenis a crédito sería una mala deuda, comprendes?.
- No te asfixies en deudas tratando de llevar una imagen ante la gente para aparentar, todo tiene su momento y las cosas sencillamente fluirán.
- Una cosa es la persistencia y otra la terquedad, si tu proyecto te está dando más pérdidas de las calculadas, toma decisiones radicales y pronto, recuerda que nada es fracaso, solo aprendizaje.

# CAPITULO 8. HABILIDADES SOCIALES

***"Las relaciones sociales es un ajedrez en el que podemos ser cualquier ficha dependiendo la circunstancia."***

¿Alguna vez he escuchado de personas o lo he leído por redes sociales la frase "uno nace solo y muere solo" y me pregunto que tendrán en sus cabezas?, sencillamente son personas que no poseen la semilla del emprendedor.

Cuando eres emprendedor o estas en proceso de serlo, sabrás que uno de los activos más importantes que tendrás es la habilidad social, ya que de una forma u otra nuestro éxito o fracaso como emprendedor depende de forma directa o indirecta de decisiones humanas, y sea que lo quieras o no, esto hace parte de tu proceso, el trato con la gente.

¿Muchas personas con grandes ideas e inclusive con recursos económicos no alcanzan sus objetivos, por qué? Por qué no logran entender la importancia que implica poseer la habilidad social en los negocios.

Y quiero que sepas que en este capítulo nos enfocaremos en la habilidad social que se requiere para que te vaya bien como emprendedor y no como empresario, recuerda la analogía en la cual el emprendedor es la pupa y el empresario es la mariposa, con esto te quiero decir que hablaremos de habilidades básicas y prácticas pero eficaces.

¿Cuándo puedes decir que pudiste lograr adquirir esta habilidad? Sencillo: Cuando la gente crea en ti.

Quiero que te quede claro esto, es más importante que la gente crea en ti, que, en tu proyecto o producto, por que las decisiones de compra o de inversión, se dan en su mayoría por la confianza que genera la persona y no el producto.

Porque crees que en los comerciales pagan grandes cantidades de dinero a personas reconocidas para que promocionen ciertos productos o servicios?, te aclaro que no tienes que ser famoso, para tener habilidad social como emprendedor, pero si gran poder generador de confianza.

Conozco amigos que tienen grandes ideas de negocios, pero no los pueden materializar por que las personas que cuentan con el capital de inversión no creen en ellos

Es indispensable que proyectes confianza a partir de este preciso momento, si realmente quieres en un futuro ser un gran emprendedor, así que te daré algunas pautas para que inicies.

1. **Empatía**

Era diciembre y la empresa había organizado su acostumbrada fiesta navideña, una cena y luego licor y baile, recuerdo que esa noche estaba indispuesto ya que había tenido un inconveniente de carácter familiar y no estaba de humor, pero en vista de la "insistencia" de mi jefe asistí pero no con buena cara, traté de hacerme le momento agradable con mis compañeros y subalternos, pero la música no me agradaba, así que me senté en un rincón con una cerveza y me enfoque en mi celular, de repente mi jefe me llama y me pide que salgamos del lugar un momento, ya que la música estaba muy alta y quería conversar. Me dijo *" yo sé que Ud no está cómodo acá y que la música no le gusta...pero debe entender que en estos momentos la música si le debe gustar y que hay ciertas ocasiones en que se debe pensar en los demás y no en uno mismo, por que las personas quieren de sus jefes entrega y diversión,,,ud acá no está de fiesta ,,Ud está trabajando, y su labor consiste en divertirse, compartir y entregarse a su gente"*

Ser empático es desarrollar la capacidad de percibir los sentimientos y actitudes de otras personas sin que ellas te lo comuniquen, debes saber cuándo una persona está incomoda, o triste o incrédula, y debes tratar de solucionarlo, la empatía logra que las personas se sientan cómodas contigo porque sienten que tú las conoces y que a ti te importan, y esto hace que te ganes el corazón de ellas, y si te ganas su corazón, te ganas en gran parte su voluntad. Aunque esto no quiere decir que te esfuerces por complacer a toda la humanidad ya que esto no es probable. Se trata de entender y escuchar con todos tus sentidos a los demás y tener tacto al dar tus puntos de vista.

### 2. Come arroz, eructa pollo.

Tú está pasando por una situación económica muy difícil, y cometes el groso error de hacerle saber a todo tu círculo social con tus actitudes o tus comportamientos que este mal, como si esto ayudara a solucionar mágicamente tu situación.

Te contaré que cuando estuve trabajando en el banco y debido a mis malos manejos financieros, estaba literalmente en la quiebra, y cierto día se me ocurrió la "brillante" idea de desahogarme con un compañero de trabajo y hasta le mencioné que solo almorzaba y que eran fiados los almuerzos. Mi compañero me dio unas palmadas en la espalda y me dio "ánimos". ¿Sabes que logré con eso? Pues mi gran compañero de trabajo divulgó la información como chisme de corrillo con todos los compañeros de trabajo y el resultado fue una desconfianza y un trato excluyente hacia mí.

Las personas no deben enterarse de tu situación, porque lo único que lograrás serán unas palmaditas en la espalda y que despiertes en tu círculo social sentimientos no muy positivos hacia ti, y no debes culparlos, las personas no les gusta estar con personas que inspiren lástima o fracaso.

Cuando estés pasando por una situación económica difícil, debes tener mucha sabiduría en quien debes apoyarte y que realmente te puedan ayudar, nunca trates de inspirar lástima porque esto no ayuda absolutamente para nada y te hundirás más.

Actitud positiva, alegre y si te preguntan como estas,, estas superi es difícil, pero no debes mostrarte en derrota.

**3. Hablar con poder.**

Definitivo, es tu capital y tu activo más preciado, y lo debes saber administrar muy bien; en otras palabras, tu palabra es un cheque al portador que puedes transformar en dinero en cualquier momento.

Tiene más recursos financieros una persona cumplidora de su palabra, que una persona con dinero en su cuenta.

Hoy en día para muchas personas el incumplir su palabra es una cotidianidad, nuestra cultura facilita más este comportamiento, nos acostumbramos a llegar tarde, a pagar un préstamo días después de lo acordado, a no sostener lo que se dice sencillamente porque se nos hace fácil incumplir lo que decimos.

En el mundo de los negocios cumplir tu palabra te facilitará mucho las cosas y tu negocio tendrá más posibilidades de expansión.

*Pero qué hacer si aún no eres emprendedor?*

Empieza desde este mismo momento a cumplir las cosas que dices por más pequeñas que sean, y no se trata de decirle a todo si, se trata de que tus actos sean consecuentes con tus palabras.

**Para tener en cuenta:**

- No te comprometas con cosas que no depende de ti que se puedan cumplir.
- Llega siempre 5 minutos antes a cualquier cita o reunión.
- No hables de temas que no conoces.
- Siempre habla mirando a los ojos y sin titubeo.
- No mientas por pequeña o grande que sea la causa.

- Nunca hables cuando estés bien molesto o cuando estés muy alegre.
- Escucha más, habla menos.
- Siempre se claro para hablar.
- Elimina de tu vocabulario las palabras:
- Siempre – nunca - imposible - de pronto,....... se prestan para ambigüedades.

Ser intachable en el cumplimiento de nuestra palabra, edifica una reputación de credibilidad y confianza.

## 4. Raport

En mi experiencia, en el mundo de los negocios se marcan 4 estilos diferentes de comunicación, estos estilos están identificados o clasificados dependiendo la manera en que se expresan las personas, estos son:

***ESTILO RELACIONADOR:***
Es considerado, amigable y agradable.
***ESTILO ANALÍTICO :***
Es una comunicación seria, metódica y analítica.
***ESTILO PERSUASIVO:***
Extrovertido convincente y entusiasta.
***ESTILO DIRECTO :***
Eficiente, independiente y autoritario

Tengo un amigo Carlos, santandereano que al igual que yo, en sus venas corre sangre emprendedora, así que después de intentar varios negocios, su esposa le dio la idea de vender limonadas fusión eucalipto con una presentación muy llamativa; las cosas empezaron a salir muy bien, tanto así que después 6 meses iniciaron un sistema de franquicias en ciudades de clima cálido; diseñaron una estrategia de ofrecimiento de franquicia por redes sociales, y si existía un interés real por parte de alguna persona, mi amigo se desplazaría hacia la ciudad del interesado para realizar una presentación formal, finiquitar y poder cerrar el negocio.

Todo estaba saliendo bien, muchas personas realmente interesadas por redes sociales, y de hecho varias citas ya programadas. La mayoría en municipios de los departamentos del Tolima y el Huila. Carlos organizó su agenda y emprendió muy entusiasta su viaje a estos diferentes pueblos ya que en total eran 7 citas acordadas con personas interesadas en invertir en su modelo de negocio. Después de pasar dos semanas recorriendo los diferentes pueblos cumpliendo las citas programadas, regresó a la ciudad sin absolutamente nada, no cerró ningún negocio ni pudo obtener ningún franquiciado.

Frustrado me llama y me comenta lo sucedido, así que decidimos reunirnos para evaluar qué fue lo que sucedió ya que había mucho interés de inversión por parte de los interesados y el negocio era viable con unos márgenes de ganancia muy rentable.

Le pedí a Carlos que me contara de la manera más detallada posible cada una de las citas, y así evaluar en que momento el negocio se pudo haber caído, ya que la presentación de la franquicia y el modelo de ganancias era muy llamativo.

Toda una tarde preguntándonos que pudo haber salido mal y aún no encontrábamos respuesta. ¡Al siguiente día pedí autorización de llamar a dos personas con las que Carlos se había reunido en citas diferentes, me hice pasar por auditor de servicios y les pregunté realmente que los hizo desistir de la inversión si realmente se les notaba animados... eureka!

Resulta que el problema nunca fue la información, la razón que los negocios no se dieran radicó en la fuente. Carlos siempre ha sido una persona con un vocabulario soez, agresivo directo, y esto se debe en parte a la idiosincrasia del santandereano que por lo regular es una cultura comunicativa de hablar fuerte y de manera muy confianzuda, y obviamente chocó con la idiosincrasia comunicativa pausada protocolaria y suave de la cultura existente de los pueblos que visitó.

Carlos no poseía esta la capacidad de desarrollo de la habilidad social llamada RAPORT

**Raport: resultado de la suma de la química + empatía.**

Carlos es una persona justa, tranquila honesta y tratable; pero en sus citas por su forma de expresarse y su falta de raport social, se reflejó de otra forma y generó en sus "virtuales" franquiciados temor y poca confianza.

Recuerda que debes tener la capacidad de manejar los 4 estilos de comunicación de acuerdo con las personas y circunstancias que te encuentres y así generar **Raport.**

**Sigue estas pautas:**

1. Escucha con todos tus sentidos e identifica el estilo de comunicación de la otra parte.
2. Adapta el mismo estilo de comunicación en tu lenguaje de la persona con la que hablas.
3. Cuando hables de números y cifras siempre maneja un estilo directo.
4. Nunca sea despectivo o hagas comentarios negativos de alguien o de algo, enfoca tus molestias de forma positiva.

**Toma nota de lo siguiente,** rara vez en los negocios la otra parte nos dirá en palabras lo que están sintiendo, te das cuenta de esto por sus expresiones, su tono de voz y otras maneras no verbales de comportamiento, aprende a escuchar con todos tus sentidos.

# CAPITULO 9.
# FORTALEZA CONCEPTUAL

***"Si te gusta soñar, nunca dejes de aprender"***

La experiencia y las habilidades son muy importantes, pero para lograr ser un emprendedor completo es necesario adquirir toda la capacidad conceptual posible y hoy en día toda la información que necesitas está a tu alcance.

Existen infinidad de conceptos que hacen parte de nuestra vida profesional, trataré en este capítulo de explicarte algunos que serán fundamentales en tu proyecto de emprendimiento sea cual sea.

**MARCA:** Inicie con esta palabra pues prácticamente la marca lo es todo, y me refiero que es el intangible más importante de tu proyecto de emprendimiento y de ti mismo. Existen dos marcas, la personal, que se refiere al concepto que tienen las personas y lo que perciben de ti.

*Cuando tenía 16 años tuve una novia muy bonita, pero tenía un inconveniente, le decían la novia del barrio, así que calcula el por qué.*

*A mi realmente no me importaba el cómo la llamaban, ya que además de poder tener una novia muy atractiva, había ganado popularidad con mis amigos de cuadra. Recuerdo que los jueves en las tardes nos reuníamos en mi casa a ver tele con mis amigos, ella llegaba luego y se ofrecía a comprar el refresco o lo que hiciera falta para la merienda de las tardes, y de todos los que estábamos sentados en la sala, elegía alguno de nosotros para que la acompañara a la tienda; pero lo que en realidad sucedía, era que aparte de ir a la tienda, mi linda novia se desviaba del camino a una construcción cercana con su acompañante de turno a ensayar sus provocativos besos. Esto yo lo sabía, pero en realidad no me importaba, ya que los jueves eran muy divertidos y cada semana aumentaba el número de amigos esperando pacientemente que "la novia del barrio" eligiera su próximo acompañante la tienda.*

*Pasaron los años y cierto día departía con unos amigos de infancia en un centro comercial, cuando a lo lejos observamos una mujer muy elegante con un coche y su esposo...era ella¡¡ "la novia del barrio", que no dudamos en llamarla y saludarla; se había convertido en una prestigiosa abogada, y a pesar de ello, nosotros le seguíamos diciendo ..."la novia del barrio.".*

Una anécdota que refleja a la perfección la importancia que tiene tu reputación, tu marca personal, ya que los años no debilitan el poder de la percepción que logres en las personas, y la sociedad tiende a encasillarnos en una reputación merecida o no.

¿Te das cuenta la importancia de tu marca personal?, así mismo existe la marca corporativa, la de tu proyecto de emprendimiento, que al igual que la marca personal es fundamental para un desarrollo sostenible de tu proyecto de emprendimiento; un buen y estratégico manejo de marca te visibiliza ante los demás y dejas de ser del montón para convertirte en único.

Recuerda la marca lo es todo¡.

**PERFORMANCE:** En otras palabras es el look de tu producto o servicio, es la presentación del mismo y los elementos que lo llevan a otro nivel de calidad, no puedes dejar de un lado jamás la calidad en la presentación de lo que vendes, de lo que ofrezcas, ya que si aplicas performance en cada detalle, tu marca se posicionará más rápido, recuérdalo todo entra por los ojos. Te coloco un ejemplo, resulta que vendes camisetas por internet, y tus pedidos se realizan por medio de entregas a domicilio, el performance se puede aplicar perfectamente en el empaque de la entrega de la camiseta, la puedes entregar en una bolsa común y corriente, o la entregas en un empaque especial, con aroma y la ropa bien dobladai créeme le estas dando un plus a tu marca.

**PIRAMIDE DE MASLOW**: Esta es una teoría psicológica que mide la importancia de las necesidades humanas y es perfectamente aplicable a la creación de un proyecto de emprendimiento, ya que lo que la teoría representada por una pirámide, incluye todas las necesidades que puede tener un ser humano y de acuerdo a esto, podemos mediante la aplicación de la formula dominó (ecuación que diseñé y que les enseñare más adelante,) medir sin arriesgar un solo peso si el producto o servicio pude ser viable o no en el entorno en que queremos aplicarlo.

**MODELO CANVAS:** Diseñado hace pocos años, es una herramienta que simplifica en forma clara y práctica la presentación de un modelo de negocio o la creación del mismo, es un magnifico mapa que te guiará por los pasos y puntos claves que debes desarrollar para la creación de tu modelo de emprendimiento.

# CAPITULO 10.
# ¡¡LO TENEMOS AHÍ PERO NO LO VEMOS!!

***"ve mucho mejor las cosas, el ciego que el ignorante"***

A mí me ha pasado no se a ti, que ves un proyecto de emprendimiento exitoso y te dices a ti mismo "que idea tan boba, yo lo hubiera podido hacer", ¡pero no lo hiciste!

En el mundo del emprendimiento muchas veces los proyectos más exitosos, estaban ahí, a la vista de todos, pero nadie caía en cuenta o nadie lo notaba, hasta que eureka!! Alguien lo notó.

Tuve la fortuna de realizar ciertos estudios complementarios en una Universidad muy prestigiosa del país, era un curso con pocos alumnos ya que era muy costoso.

Estaba muy animado, ya que la mayoría de mis compañeros eran directivos de prestigiosas marcas reconocidas; así que decidí hablar menos y escuchar más, aprender de ellos y sacar el máximo provecho de esta oportunidad.

Pero esta filosofía de hablar menos y escuchar mas no duraría mucho, y dejándome llevar por mi confianza y de cierta manera prepotencia, decidí en una clase de innovación y mercadeo opinar más de la cuenta y ......bueno quedé como un zapato, aprendí algo muy valioso ,,pero de la manera que no quería aprenderlo...

El profesor estaba hablando de marcas recomendadas y exitosas de ropa, nombraron algunas reconocidas mundialmente, y levanté la mano e increpé al docente diciendole...*"la verdad profesor no estoy de acuerdo con la última marca que mencionó."*

-*"tuve la experiencia de comprarle a mi hermana una blusa de la marca que menciona y a las tres posturas la tela se deslichó"*...noté que todos en el salón de clases con cierta cara de burla, me miraban en silencio. *"es que esa es la idea Andrés de eso se trata el éxito de esa prestigiosa marca de ropa, que no sea duradera"*. Me contestó el profesor con una sonrisa en su rostro, *"¡ pero como va a decir que la marca ...... es de las más recomendadas profe una marca en la que la ropa es de pésima calidad y tras de eso cobran un jurgo de dinero por cualquier prenda?.* ..el docente al ver mi actitud altiva y terca decide acercase a mi escritorio y de manera sutil y amable me dice *"mira dale tu ganaste el debate, pero te quiero pedir el favor que cuando termine la clase me esperes y me regales cinco minutos de tu tiempo para explicarte algo muy importante que debes entender".*

Después de la clase me quede con el profesor, y él, de una manera didáctica, muy amable, concreta y en espacio de 15 minutos me iluminó en muchos temas acerca del mundo de la innovación y el emprendimiento.

Quedé atónito, descubrí que estaba mal; que mis pensamientos acerca de emprendimiento, marketing, ventas negocios eran totalmente errados; mis ideas estaban basadas en mis paradigmas y mis experiencias de vida.

Resulta que la marca de ropa en el que se centró el debate era exitosa precisamente por la misma razón que yo criticaba.

La ropa estaba diseñada para durar una, dos, máximo tres posturas y no más, era ropa desechable¡¡¡ hay personas de mucho nivel adquisitivo que no les gusta repetir las posturas de ropa, y esta marca se acomodaba de forma ideal a sus necesidades; ropa costosa (no todos la pueden comprar), ropa exclusiva (sacaban pocas unidades por colección) ropa con tela muy delicada (no duraban más de tres posturas).Estas características era el éxito de la marca.

Mi concepto de marca exitosa en prendas, se enfocaba en las tres B.. bueno, bonito y barato, es decir me compraba un pantalón con la idea que me durara mil años¡¡ este concepto no era malo, pero desde el punto de vista del emprendedor, es un concepto que no te ayudará en nada a realizar un proyecto exitoso.

Sencillamente mi pensamiento era producto de mi matriz de abundancia (¿recuerdas el concepto?), y no por las corrientes innovadoras a nivel mundial y por la revolución de los nuevos pensamientos en marketing y emprendimiento.

Salí del aula con una sensación de vergüenza por mi actitud de ignorante altivez, pero a la vez con alegría y mucha ansiedad al descubrir que todos mis conceptos e ideas eran obsoletos y que tenía muchas, muchísimas cosas que aprender si quería llevar a cabo un proyecto de emprendimiento exitoso y sostenible.

Con el tiempo y con mucha investigación logre descubrir ciertas verdades:

1. **Puedes tener mucho capital de inversión, pero si tu proyecto de emprendimiento no es innovador, fracasarás.**

2. **Lo barato no garantiza que el consumidor se incline por tu producto o servicio.**
3. **Ser diferente te saca del montón y te transforma en único.**

Esta claro, para lograr que un proyecto de emprendimiento sea viable, debe ser algo diferente, innovador.único.

Pero como se logra esto?.........te tengo la buena noticia, esta ahí, la clave siempre ha estado ahí¡.. en el día a día en la sociedad de consumo a la cual pertenecemos

**INVESTIGACION FUERA DE ÓRBITA (IFO):** Le bauticé de esta manera, y es poder tener la capacidad de realizar una investigación con todos nuestros sentidos saliéndonos de nuestra órbita social para descubrir a través de las conductas sociales y hábitos de consumo, las necesidades de adquisición de tangibles e intangibles que posee nuestro entorno.

Poner en práctica el IFO conlleva en que, en cada circunstancia diaria podamos tener la capacidad de ver las cosas, las personas, las conductas sociales desde un punto de vista lejano,ajeno (por esto el concepto fuera de órbita), que nuestros sentidos estén enfocados en descubrir estas necesidades ocultas, ver todo un contexto, trascendiendo más allá de nuestro entorno directo.

Es tener la capacidad de ver lo que nadie ve, de percibir lo que nadie más percibe, y esto se logra con mucha observación y fijándose en los pequeños detalles.

**ECOSISTEMA NEDECON (NECESIDADES DE CONSUMO):** Conforme al paso del tiempo y a la experiencia adquirida, logre descubrir algo extraordinario, una teoría transformada, que aplicada en su forma práctica a nivel de negocios y emprendimiento da resultados¡. Apoyado en la pirámidedeMaslowdelasnecesidadesdelserhumano; le realice unas transformaciones para convertirla en un ECOSISTEMA LLAMADO NEDECON(Necesidades de consumo), TE EXPLICO COMO FUNCIONA.

Debes primero tener claro que las necesidades NO SE CREAN¡, las necesidades se descubren.

Té colocaré un ejemplo, años atrás la gente a veces moría desangrada en un accidente de tránsito porque no había un teléfono fijo cercano para pedir auxilio. Existía una necesidad de comunicación pronta, oportuna y al alcance, y por fortuna se creó el CELULAR¡¡

No se crean necesidades, se crean productos o servicios para cubrir esa necesidad.

Ahora que tenemos esto claro te explicare en que consiste el ECOSISTEMA NEDECON

Nuestro **Ecosistema NEDECON** aplica los cinco cuadrantes de necesidades de consumo en el que circundamos todos los seres humanos, y de acuerdo a nuestras condiciones económica estamos en la capacidad de cubrir todas o algunas necesidades de nuestro ecosistema

***Nivel1****Fisiológicas: necesidades básicas: alimentación, descanso, respiración ..*

***Nivel2****Seguridad: Trabajo, hogar, familia seguridad en salud..*

***Nivel3****Sociales:Estudio desarrollo académico, afecto pertenecer algún grupo o sociedad. Crecimiento profesional,diversión.*

***Nivel4****Reconocimiento: Fama, éxito reconocimiento status,*

***Nivel5****Autorrealización : Dar, filantropía.*

**Agente determinador de compra:** Marca**,** en todo nuestro ecosistema de necesidades, la marca es parte fundamental de la decisión de compra

Si te das cuenta, el nivel más alto es el número 5, en el cual las personas tienen tanta capacidad financiera que cubren todas las necesidades anteriores. Están en la capacidad y se sienten plenos de cubrir las necesidades de las personas que viven en los niveles de consumo 1,2,3,4 por medio de actos filantrópicos, fundaciones y demás.

Todos los seres humanos tenemos necesidades de consumo, tanto en el nivel 1 hasta el 5, todos! Y la clave de los emprendedores más exitosos del mundo es ser los primeros en los diferentes niveles de descubrir esas necesidad y crear el producto o servicio para suplir esas necesidades.

Aplica la siguiente fórmula

$$\frac{\textbf{I.F.O}}{\textbf{NEDECON}} = \textbf{PRODUCTO O SERVICIO}$$

Realizas un proceso de investigación con todos tus sentidos y saliéndote de la órbita de conducta (I.F.O) .Esta investigación la realizas sobre el ecosistema que te interesa, sea tu ciudad o tu barrio y evaluando el nivel de consumo.

Es muy importante que tengas en cuenta el nivel de consumo del ecosistema en el que aplicas el IFO,

Ejemplos:

ALMACEN DE RELOJES ROLEX. En un barrio estrato 2 (x)

VENTA DE ROPA DE SEGUNDA En un sector estrato 5 (x)

Me sigues? ..recuerda que la necesidad de consumo no es lo mismo que el deseo de consumo.

Inicia aplicando esta fórmula y será cuestión de tiempo que puedas descubrir un producto o servicio para cubrir una necesidad... pero será suficiente con esto?

# CAPITULO 11.
# DE CARBÓN A DIAMANTE

**" No es lo que es, es como se ve"**

El carbón se combina en una molécula cubica y en un proceso que pueden durar millones de años, se mineraliza transformándose en un diamante.

Claro que no vas a durar millones de años transformando tu producto o servicio en un "diamante" de consumo, pero sí debes tomarte tu tiempo para trabajar en dos aspectos fundamentales.

Este capítulo está enfocado exclusivamente en el agente determinador de compra, la marca.

***Que es la marca,por qué es tan importante, y tanto para determinar la compra?***

Recuerda que en un capítulo anterior te hable de la marca corporativa, la marca personal y el papel fundamental que juega cada una de ellas cuando se trata de emprender. Quiero dejarte algo en claro y que también lo hemos hablado en capítulos anteriores; ser emprendedor y ser empresario son cosas totalmente diferentes, y este libro te habla de lo primero, del ser emprendedor.

Muchas personas le prestan poca importancia a la marca de su proyecto, porque solo lo ven como un nombre que hay que colocarle al producto y servicio y crearle una imagen que se vea cool y listo¡.

Y resulta que no es así;

Cuando se me ocurrió la gran idea de iniciar mi proyecto de emprendimiento, siempre tuve claro que antes de iniciar con cualquier cosa, debía enfocarme en la creación de la marca, de mi logo, de la identidad de mis servicios, porque estaba totalmente seguro que sobre la marca apoyaría la sostenibilidad de los ingresos.

La marca es la comunicación romántica, pero a la vez pragmática con las personas, es la que transforma una persona con una necesidad, en un cliente potencial; es fundamental que la marca transmita todo lo que quiere dar con el producto o servicio que se va emprender, la marca es la identidad, es el nombre, es todo.

Ten muy presente lo que te estoy diciendo, por que muchos proyectos de emprendimiento se han quedado en el camino por fortaleza de marca a pesar de tener un producto o servicio excelente¡.

Existen marcas tan poderosas que se transforman en el activo más valioso de la empresa, inclusive más valioso que las empresas mismas.

Volvamos al ecosistema **Nedecon**,si lo notaste en el centro del diagrama de las necesidades está escrita la palabra marca y a su lado la palabra ego¡¡.

El poder de la marca es directamente proporcional a la capacidad que tenga esta marca en el nivel de autoestima que incremente el cliente al consumir tu producto o servicio.

Muchas personas son consumidoras de productos costosos sencillamente porque este producto o servicio posee una marca con "ego social".

El ego en la marca se ha transformado en un diferenciador de conducta del consumidor cuando debe elegir su compra entre un producto y otro; no es lo mismo tener un vehículo marca "x",a tener un BMW, inclusive el vehículo "x" puede ser mucho mejor en motor y rendimiento, pero te dará más status social el BMW y por ende, ese vehículo solo por tener el símbolo BMW en **él**, te será mucho más costoso. No quiero decir que la calidad del producto o servicio no sea determinante, pero esta calidad debe estar arropada por una identidad corporativa que transmita valor, estatus confiabilidad ego; estos atributos generan una marca y lograr cautivar al consumidor.

***PASOS PARA CREAR UNA MARCA PODEROSA.***

1. Se original, no cometas el error de muchas personas de querer copiar la identidad corporativa de otras marcas, recuerda que la marca te debe dar una identidad única
2. Tomate tu tiempo, no te apresures, recuerda la marca es todo.
3. Piensa en el nicho de mercado a quien va dirigido tu producto o servicio, y sobre el, crea una marca que las personas de ese nIcho se sientan identificadas.
4. No le coloques nombres complicados o figuras muy compuestas a tu marca,,, recuerda, menos en mas:¡
5. Utiliza colores preferiblemente primarios; le da fuerza a tu marca.
6. Visualiza tu marca en una camisa o en un mural, eso te guiará en tu diseño.
7. No delegues la creación de tu marca a otras personas, sí, sé que existen muchos profesionales y muy buenos en este campo, pero si tú mismo te tomas el tiempo, el

esfuerzo, la dedicación y el amor a la creación de tu identidad de emprendimiento, como decimos popularmente, la sacarás del estadio ya que tu identidad estará fortalecida de todo tu amor, energía y fuerza de dedicación.

8. Recuerda que tu marca debe ser agradable a la vista, que genere impacto y simpatía.
9. MARCA y PERFORMANCE,estos dos aspectos deben sustentarse bajo las siguientes premisas:

No solo ser el mejor...ser único.
Identidad **única para un segmento especifico.**
Generadora de valor diferente y llamativa.

# TERCERA PARTE
## LOS PEQUEÑOS DETALLES

EN LA CONSTRUCCIÓN DE
UN AVION CADA TORNILLO
CUENTA.

Uno de los mayores logros de ingeniería humana es la aviación.

El origen de la aviación nace en el hombre prehistórico que miraba las aves y se preguntaba como lo hacían, a su vez, las culturas ancestrales y en la mitología, plasmaban en sus lienzos y muros la representación de las aves en un significado de magnificencia y divinidad.

Con el paso de los años la aviación ha logrado una transformación increíble en el campo militar, científico y logístico, representado en toda clase de aeronaves.

El avión comercial se convirtió en un servicio fundamental para el desarrollo y la globalización de la humanidad, y es considerado el modo de viaje más seguro del planeta. Según las estadísticas un accidente aéreo de pasajeros representa solo el 0.36 de por cada millón de vuelos, lo que equivale un accidente fatal por cada tres millones de vuelos; realmente las estadísticas respaldan en gran manera el lema:

" la forma más segura de viajar es volando".

Aunque cuando ocurre un accidente, la probabilidad de salir con vida es la más mínima de cualquier medio de transporte, y más **aún los accidentes aéreos ocurre**

**generalmente por una falla mínima, supremamente "insignificante", un detalle, una pequeña decisión, una tuerca, un tornillo que desencadena una serie de eventos que culmina en una fatalidad.**

No quiero parecer trágico pero este tema es la analogía perfecta para lo que verás es estos próximos capítulos.

# CAPITULO 12.
# CONVIERTETE EN CARPINTERO

**"Ocúpate de hacer la tarea, no de cuanto ganas por la tarea".**

Quiero que sepas algo que en mi vida tengo muy claro, el dinero es una consecuencia, no es la causa, y como futuro emprendedor espero que lo puedas entender.

He conocido muchas personas convencidas en la vida, creyendo que el dinero es lo más importante, y por ende se la pasan metiéndose en negocios o realizando actividades que van en contra de sus principios sencillamente por plata, y ahí está la gran falla.

Te he comentado parte de mi experiencia que me llevó a ser un emprendedor y luego empresario, en este proceso entendí que el dinero no es una motivación, es sencillamente una retribución.

Cuando me retire del banco y replantee tantas cosas en mi vida, tuve la fortuna de leer un clasificado de periódico en el cual que se solicitaba personal para el departamento comercial con cualidades de liderazgo y oportunidades de ascenso y viajes; confieso que lo que me llamó la atención del aviso fue la parte de liderazgo, ascenso y viajes.

Presente la entrevista, fui seleccionado, y luego de un proceso de formación, capacitación y tiempo ascendí todos los cargos, gané todos los concursos, participé en procesos de apertura de otras sedes en diferentes ciudades; inicié como asesor comercial y al cabo de unos años era Director Master en mercadeo (se lee fácil, pero realmente no lo fue).

Ganaba buen dinero, ya que tenía una salario básico, pero ingresos variables por metas cumplidas y esto era lo que realmente sumaba en mi cheque.

Y pese de ser un cargo con mucho estrés y horas entregadas, era feliz y no por el dinero. Lo que me hacía realmente feliz es que dentro de las funciones de mi cargo, debía formar futuros líderes que ocuparían cargos directivos en las próximas ciudades para aperturar, y esto me llenaba mucho. El poder influir en las personas, enseñarles, llevarles charlas, dirigir conferencias me apasionaba(cuando inicialmente me aterraba hablar en público)..cumplir metas me llenaba de orgullo.

Pero el 8 de marzo del año 2015 renuncie.

La pasión acabó, lo había logrado todo y sencillamente quería tomar la última palabra en mis decisiones, pero también porque en mi corazón tenía una idea de emprendimiento que me devoraba por dentro y no aguantaba más, ya había vivido el proceso de carpintería, de aprendizaje, era hora de lanzarme¡ y de una manera inteligente ya que no iba a renunciar sin haber llevado el proceso de los que te hablado en los capítulos anteriores.

Muchas personas incluyendo mi familia me increparon inmediatamente, "como es posible que renuncies a un trabajo que te pagan tan bien"...ese sueldo que tienes no te lo pagarán en otro lado"... opiniones de esa índole, ,pero aunque suene extraño y tal vez un poco desquiciado, lo que menos me importó al renunciar era mi salario.

Pero pilas, no te estoy diciendo que dejes tu trabajo botado o renuncies a tu empleo, te estoy diciendo que el dinero no es fundamental para que te sientas pleno a nivel profesional.

Te coloco un ejemplo: A todos nos gusta el dinero, pero si te dijeran que te pagarían una extraordinaria cantidad de dinero por hacerle daño a alguien, ¿lo harías? Estoy seguro que no¡...ves?, el dinero no motiva, es por esta razón que la mayoría de seres humanos buscamos la forma de ganarnos la vida de forma honrada y aunque esto es una realidad, constantemente cometemos errores por este afán frenético de hacer dinero.

Así que te daré unas pautas contundentes acerca de errores que se pueden cometer cuando inicies un proyecto de emprendimiento:

***Solo porque les va bien a unos, no quiere decir que les vaya bien a todos***...error y costumbre de muchas personas es copiar modelos de emprendimiento que observan de otras personas, y como ven que les va bien, pretenden iniciar un proyecto igual, desconociendo totalmente el proceso y la carpintería que tuvo que pasar el modelo de emprendimiento original.

***Es solo invertir y esperar las ganancias***... olvídate llamarte emprendedor si pretendes invertir en otras personas o proyectos que te prometen grandes ganancias, sin ningún tipo de esfuerzo o dedicación de tu parte.

***Yo coloco el dinero, tu lo haces***.. jamás inicies tu proyecto de emprendimiento dependiendo de terceros, ejemplo: no puedes iniciar un proyecto de comida si tú no sabes cocinarla; si son servicios, tú debes saber realizarlo, si son productos tú debes saber fabricarlos o en lo mínimo debes tener contacto directo con los fabricantes.

***No me gusta hacerlo, pero da dinero***. error garrafal, nunca elijas tu proyecto de emprendimiento en algo que no te gusta hacer sencillamente por dinero.

El dinero es fundamental? Claro que si¡ pero dale el lugar y la importancia que corresponde en el momento de iniciar tu emprendimiento. Recuerda, el dinero es una consecuencia, no la causa.

Cuando en este capítulo te hablo de convertirte en carpintero, me refiero a que debes adquirir la habilidad del proceso de construcción de tu emprendimiento, es decir no puedes depender de terceras personas como te lo he dicho para que tu proyecto funcione; ningún proyecto saldrá bien si no inviertes en el esfuerzo dedicación y tiempo; por esta razón, que la mayoría de negocios en los que nos proponen que es solo colocar dinero y listo no salen bien. Jamás entres a un negocio que no conoces y no dominas.

Tengo un amigo que hace dos años cometió un grave error financiero y aún está lidiando con las consecuencias.

Su vecino de la esquina tenía una barbería y le iba muy bien, de hecho, la va muy bien, mi amigo al ver el flujo de clientes de su vecino, pensó que al colocar una barbería en la misma cuadra y con precios más bajos pues le iba a ir muy bien. Que podía salir mal si la clientela ya existía, y el vecino tenía la cuadra reconocida como la cuadra del barbero (de hecho, así se llamaba la barbería del vecino).

Mi amigo estaba cometiendo dos errores como emprendedor

1. TRANSFORMARSE EN UN PARÁSITO COMERCIAL.
2. OMITIR LA CARPINTERIA

**Parásito comercial**

Es aquella persona que no tiene la capacidad de crear su propio proyecto de emprendimiento, y lo que hace es copiar la idea de otro. Grave error.

**Omitir la carpintería**

Ningún proyecto de emprendimiento exitoso lo es, omitiendo la carpintería.

La carpintería es el proceso que debes vivir para conocer y formarte en tu proyecto. Mi amigo pensó que por que al vecino le iba muy bien con la barbería, El, colocando otra en la misma cuadra y bajando precios, se apropiaría de sus clientes y sería un total éxito, y resulta que en tres meses quebró, perdió dinero y quedo con deudas; adivina, se lo que piensas, no tenía ni idea del arte del barbero (dependía de otras personas),no conocía de proveedores, ni tenía idea del proceso de contratación, ni el aspecto legal del negocio, solo montó el negocio por que vio que al vecino la iba muy bien, es decir, solo se fijó en dinero y sencillamente el tiempo le pasó factura.

Cuando tengas claro que proyecto emprenderás, entiende que debes saber del mismo, es decir no puedes colocar un emprendimiento de comida si tú no sabes cocinar, no colocarás una negocio de publicidad si tú no te preparas y te capacitas en el arte de la fotografía y de los programas respectivos de edición, no puedes colocar una tienda online, si tú no sabes comercio digital y afines....

recuerda debes vivir el proceso de tu carpintería.

# CAPITULO 13.
# EL PODER DE LA PASIÓN

## "El motor de tu avión"

Dice Pierre Omidyar FUNDADOR DE EbAy *"si hay algo que te apasione y trabajas duro, acabarás teniendo éxito"*

Cuando estaba en la Universidad tenía unos amigos que eran novios y constantemente los criticábamos porque eran una sombra mutua; donde iba él, estaba ella y donde estaba ella, iba él......estudiaban en la misma universidad, la misma facultad, veían clases juntos, se iban juntos a la casa, vivían en la misma cuadra, y aparte de todo esto se sentaban en las noches a charlar.

*No te cansas de todo el día andar con ella?*....algún día se lo pregunté...me respondió ...*"nunca te cansas de algo o alguien que te gusta muchísimo"*...

En todo proyecto de emprendimiento, debes aplicar el proceso de carpintería, en cualquiera que sea, esto no es negociable, es inevitable, no lo puedes omitir. Y la carpintería referente a tu emprendimiento no solo te debe gustar, te debe gustar muchísimo, tienes que sentir pasión, porque siempre vas a tener altas y bajas y los motores de tu avión de sueños deben ser lo suficientemente fuertes para soportar cualquier tormenta. No coloques tus fuerzas en alguna actividad que no te apasiona realmente y cuando hablo de pasión quiere decir que sientas una obsesión real por lo que haces. Cuando sientes ese fuego en tu corazón por lo que haces, utilizas tus momentos negativos del proceso como una hamaca o como un trampolín y no como una excusa para claudicar y abandonar.

Cuando sientes pasión por algo, jamás lo haces por dinero, porque el dinero es una consecuencia es lo último, es el final,

Recuérdalo si no te apasiona no es por ahí.

***Pero como se que mi proyecto de emprendimiento me apasiona?***

Muchas personas confunden la pasión con el amor y son sentimientos totalmente diferentes y te explicare el porque; tu a tus papas los amas, pero tu pareja te apasiona, cuantas ocasiones te ha pasado que prefieres estar con tu novio/a, que compartir con tu familia? ..y esto no quieres decir que no amas a tu familia,,,es solo que la pasión es un sentimiento avasallador, imparable, obsesivo que te hace hacer cosas que normalmente no harías, impulsado por este efecto tan fuertei.

Ten presente esto que te voy a decir, no amarás tu proyecto de emprendimiento, sin antes apasionarte por el mismo.

Cuando inicias tu emprendimiento con pasión, trabajaras hasta tarde y no te importará, tendrás que madrugar y no te costará, cuestionaran tus actividades y no te afectará, perderás dinero pero no te arrepentirás, perderás amigos y no te importará, porque estarás ciento por ciento enfocado en lo que haces y lo harás feliz, ya que te gusta muchísimo.

El amor se genera con el tiempo, la pasión con el gusto.

# CAPITULO 14. VIABILIDAD FINANCIERA

**"El motor de tu avión por que hay que soñar, pero con los pies en la tierra".**

Iniciaré con una frase contundente "El oxígeno de tu proyecto de emprendimiento es la entrada de dinero, sin esto colapsarás inevitablemente". En tu proyecto, el flujo de dinero producido por las ventas es sencillamente la gasolina, el combustible de tu avión, puedes tener el motor más poderoso, las alas mejores diseñadas, la mejor aeronave, pero sin combustible nunca podrá volar.

Aunque parezca increíble hay personas que inician sus emprendimientos olvidando este determinante aspecto, y por qué se lo sé, porque sencillamente el emprendimiento en sí en inviable a primera vista.

Daniel era un compañero de trabajo que tenía en el banco en que trabajé hace algunos años, recuerdo que era una persona muy alegre, extrovertida muy atlética.

*Daniel estaba teniendo problemas en el trabajo por que llegaba una o dos veces tarde en la semana y esto estaba colmando la paciencia de los jefes. A mi parecer era una persona responsable pero si me extrañaba las llegadas tarde y que a veces se le notaba con sueño y desgaste físico, así que aprovechando la confianza que se da producto natural de la rutina laboral le pregunte de las llegadas tarde y con una sonrisa en su rostro me comento que era bailarín semiprofesional y que habían días de la semana que ensayaba hasta las 3 y 4 de la madrugada y es por esto de no descansaba muy bien; su idea era renunciar al banco y transformarse en bailarín profesional por que esta era su pasión....*

*Daniel tenía en ese tiempo 32 años, joven pero para una profesión como bailarín ,ya se consideraba veterano,-como se gana de bailarín?, en mi ignorancia le preguntei..por qué no conozco a nadie que viva de eso?...me comento..-mira la idea es presentarme en los concursos que se realizan en el año, si quedo entre los primeros, varias empresas te buscan para patrocinarte, con este patrocinio pienso montar una academia de baile, ,ganar por alumnos y ganar por concursos...*

*Está bien, pero como te vas a mantener mientras llegan los concursos o te patrocinan?—repliqué.*

*Estoy gestionando un crédito y con eso me sostengo y pago la cuota con clases personalizadas mientras llegan los concursos¡:*

Hasta para mí que no tenía en ese momento ningún conocimiento ni espíritu de emprendimiento me parecía una apuesta arriesgada, ya que a pesar de la pasión de Daniel, existían muchas variables de riesgo, una lesión,, la cultura social de la ciudad poco inclinada hacia el arte del bailar.. la falta de apoyo del sector público o privado, en fin a primera vista no se veía un medio o canal viable y sostenible de ingresos en este proyecto de emprendimiento de Daniel.

Y efectivamente Daniel renunció, gestionó un crédito, y luego de 18 meses de angustias y tormentos volvió a pasar su hoja de vida al banco en busca de una segunda oportunidad.

Paremos acá un momento. para Daniel el baile era su pasión y en el capítulo 13 hablamos del poder de la pasión, de su enorme importancia para emprender, tanto así que lo llamamos el motor de nuestro avión.

Pero .. no es suficiente, ya que el motor no sirve de nada sin el combustible.

Pareciera una contradicción estos dos capítulos, pero lo cierto es, que la pasión por lo que haces puede jugar en contra tuya, si no vez el contexto de la asimilación de tu proyecto en el mercado de consumo.

Si bien es cierto que te debe apasionar tu actividad de emprendimiento, también debes ser consciente que debe ser un producto o servicio vendible, que atraiga, que logre que el dinero de las personas salga de sus bolsillos e ingrese a tu cuenta por que les gusta lo que ofreces, y en esta selva tan agresiva de productos o servicios queriendo cautivar nuevos clientes debes tener claro un perfecto equilibrio entre lo que te apasiona y lo que es financieramente sostenible.

Como lo dice el capítulo sueña, pero con los pies en la tierra, y si aplicamos esta frase de manera práctica debes preguntarte lo siguiente: Mi proyecto es viable financieramente? ¡Como puedo saber si mi proyecto tendrá viabilidad? La respuesta está en los siguientes ítems.

Primer ítem: **Prueba la sopa antes de servirla.**

Seas o no un gran chef, una regla fundamental es probar la comida que preparaste antes de servirla. No te arriesgas a servir sin la oportunidad de hacerle las correcciones,sea en la sal o condimento o lo que sea que necesite corregirse.

De la misma manera debes hacer con tu emprendimiento, debes lanzar una preventa para que observes la receptividad del mercado; de esa manera no arriesgas mucho capital y puedes corregir lo que se deba corregir. **EJEMPLO:** Quieres colocar una cafetería porque te apasiona cocinar y haces unos pasteles deliciosos y piensas arrendar un local para vender tus pasteles, salsas, café malteadas etc. Antes de lanzarte con una inversión de esta magnitud, prueba la sopa; primero en el sector donde quieres colocar tu negocio de emprendimiento, pide permiso o negocia con un vecino del sector un espacio pequeño y coloca un stand durante unas dos semanas y mide la receptividad de tu producto, no divulgues tu marca en este ejercicio, solo hazlo como preventa, si no te sientes bien, si no viste receptividad, entonces sabrás que cambios realizar y no habrás invertido tanto dinero.

Segundo ítem: **Estructura de costos**

Por experiencia te lo digo,,no será viable tu proyecto de emprendimiento si no le ganas el mínimo el 40% por cada producto o servicio que vendas. Sabes por que te lo digo? Por que te sentirás frustrado con la relación horas y esfuerzo entregado vs ganancias.

Una estructura de costos se debe aplicar de la siguiente manera; sobre el costo de inversión, suma el porcentaje de cada valor, y luego sobre este total suma lo siguiente:

12% Imprevistos
20% gastos de funcionamiento
15% gastos fijos
13% Ahorros
40% Ganancia neta

Vamos a trabajar en un supuesto: Planteemos el ejemplo en el cual Daniela, una chica con ganas de emprender, inicia un proyecto desayunos sorpresa por internet y a domicilio; suponiendo que ya realizo todo el proceso, se lanza a cumplir su sueño.

Los desayunos son muy estructurados y de excelente presentación, es así como el costo del alimento y empaque incluido en el proceso de preparación, le sale al costo en $8.900 pesos, con base a este valor se debe ajustar al precio de su producto, es decir tener en cuenta, ganancias, costo de inversión, gastos fijos, imprevistos y ahorros

**La operación es la siguiente:**

$8.900 costo inversión +

$1.068 12% imprevistos, sobre estos valores sumados, súmale el siguiente y así sucesivamente.

## TOTAL COSTO DE INVERSIÓN+PORCENTAJE DE IMPREVISTOS

$9.968 +

$1.993 20% Gastos de funcionamiento

## TOTAL DE COSTO DE INVERSION +PORCENTAJE DE IMPREVISTOS+GASTOS DE FUNCIONAMIENTO

$ 11.961 +

$ 1,794 15% Gastos fijos

## TOTAL DE COSTO DE INVERSION+ PORCENTAJE DE IMPREVISTOS+GASTOS DE FUNCIONAMIENTO+ GASTOS FIJOS

$ 13.755 +

$ 1.788 13% ahorros

## TOTAL DE COSTO DE INVERSION+PORCENTAJE DE IMPREVISTOS+GASTOS DE FUNCIONAMIENTO+GASTOS FIJOS+AHORROS

$ 15.543 +

$ 6.217 40% Ganancia neta

**TOTAL, COSTO DE INVERSION +PORCENTAJE DE IMPREVISTOS+GASTOS DE FUNCIONAMIENTO+ GASTOS FIJOS+ AHORROS**

$21.760 valor a vender tu producto

Daniela ya tiene claro en cuanto podría vender sus desayunos sorpresas, es acá donde se coloca metas semanales de venta para lograr un punto de sostenibilidad, es decir tomando el ejemplo inmediatamente anterior, si las ganancias por cada desayuno sorpresa es de $6.217 pesos, cuantos debo vender semanal para que sea un proyecto de emprendimiento sostenible?...es en este punto en el cual Daniela replantea muchas cosas antes de.

Los números son claros, no ambiguos, y si realizas una estructura de costos real objetiva y clara, podrás saber en números si realmente vale la pena la inversión en tiempo, esfuerzo y en dinero.

Tercer ítem: **Inversión de tiempo**

Fundamental el tiempo que le dediques a tu proyecto de emprendimiento, conozco personas que fracasan en proyectos buenos y rentables sencillamente porque no le dedican el tiempo suficiente, recuérdalo no pretendas recibir grandes beneficios de tu emprendimiento, cuando solamente le dedicas migajas de tiempo. Tu emprendimiento no es un pasatiempo, es tu futuro¡ y si lo tomas como una opción secundaria en tu agenda, no lograras los resultados que esperas.

Te preguntarás, bueno yo quiero dedicarle el 100% de mi tiempo a mi nuevo negocio, pero de que vivó o como pago mis obligaciones financieras mientras mi emprendimiento arranca? o puedes estar en la situación en la cual tienes un empleo que cubre tus necesidades y este empleo te demanda tiempo. Lo que te puedo decir en estos dos casos es que manejes la situación de una forma equilibrada, pero en su debido tiempo tendrás que soltar lo que te está generando algunos ingresos y lanzarte por tu emprendimiento.

# CAPITULO 15.
# TODO ES VENDER

*"Las alas de tu avión"*

Cuando preguntas por Internet por que vuelan los aviones, la respuesta es que el avión vuela por la diferencia de presión entre el flujo de aire por arriba y por abajo generando sustentación, y esta sustentación se consigue gracias a las alas del avión.

**Alas del avión = ventas**, analogía perfecta para hacerte comprender que el éxito de tu proyecto depende en lo bueno o regular que seas como vendedor, y es por esta razón que este capítulo es clave para ti, de nada sirve tener el mejor producto o servicio con el mejor valor, y la mejor marca si no lo sabes vender¡.

Tienes el mejor motor de tu avión, el más potente con full de gasolina, pero tus alas son muy frágiles o no las tienes, o no son lo suficientemente grandes y aerodinámicas para poder darle la sustentación necesaria a ese gran avión, y lo que pasara es que arrancará pero nunca podrá volar, terminará la pista y,,,,,ya sabes ,,,te estrellarás.

Recuerdo que en muchas de las entrevistas que pude realizar, las personas que buscaban un trabajo, siempre manifestaban que les gustaría un puesto administrativo, que no querían nada que tuviera que ver con la parte comercial, como asesor comercial, vendedor o cosas así, y no los culpo porque de hecho me pasaba a mí también, pues creo que al igual que ellos miraba las ventas como puerta a puerta, el rechazo, la presión, el convencer... etc.

Lo primero que debe pasar en tu cabeza es entender es que la razón de ser de todo emprendimiento sea cual sea su actividad, es la venta, porque a través de ella entran los recursos y el oxígeno.

Olvídate de tener un proyecto exitoso si no eres buen vendedor, porque no le puedes huir a esto, y es que las ventas no solo se asocian a una transacción comercial de producto intercambiado por moneda, va mucho más allá. En una entrevista laboral te estas vendiendo como buen trabajador, un político en campaña se vende como la mejor elección, tú en un bar al conocer a alguien te vendes como un buen partido: todo el tiempo nos vendemos de alguna forma porque de eso se trata nuestra vida profesional.

Pero nos vamos a enfocar en la venta comercial, en la que tiene que ver con nuestro emprendimiento, porque creo que es lo que nos interesa en este momento y voy a tratar de ser lo más práctico o concreto posible y ahorrarnos teoría y cosas así.

Metete en la cabeza que debes prepararte para un gran vendedor y que este rol no lo puedes delegar en otras personas porque es la razón de ser de un emprendedor.

Las ventas pueden aplicar diferentes modelos de procesos dependiendo lo que ofreces, si son productos o servicios.

**ENFOQUE PRODUCTOS**
Si tu proyecto de emprendimiento se encuentra en el sector de productos, la venta de alguna manera es más sencilla ya que se apoya más en tu producto que en tus habilidades personales.

Uno de los proyectos de emprendimiento en los que junto con mi equipo de trabajo estamos desarrollando, es la elaboración de cremas de whisky y vinos artesanales.

Nuestra estrategia se ha centrado en fortalecimiento de la marca y en colocar puntos y stand ofreciendo la prueba gratis, y de 10 personas que prueban el producto, 7 lo compran, es decir la aceptación del producto ha sido buena, ya de cierta manera el producto se vende solo, es decir el esfuerzo en la venta está centrado en la ubicación de puntos estratégicos mas no en tener vendedores hábiles, me sigues?, de cierta manera cuando tu proyecto de emprendimiento se basa en productos, tu habilidad como vendedor no es tan importante, porque en estos casos lo más importante son los canales de ofrecimiento de tu producto, su presentación, ya que tu flujo de ventas se apoyan en la calidad de tu producto , las estrategias de marketing, el branding de tu marca etc.

Debes tener claro que estos canales de ofrecimiento de tu producto deben ser acertados, de lo contrario no darán los resultados esperados; te daré ciertos ejemplos;

Si tu proyecto de emprendimiento se trata de algún comestible, el mejor canal de ofrecimiento es que las personas lo prueben, colocaría puntos de stand en sitios estratégicos ofreciendo cortesía gratis, o aprovecharía reuniones sociales para hacer lo mismo. En otras palabras tu vía de éxito es el sentido del gusto de tus potenciales clientes.

Si tu proyecto de emprendimiento se trata de accesorios o ropa, el mejor canal de ofrecimiento es una presentación por redes sociales impactante, con excelentes fotografías que eleven el performance de tus productos. En otras palabras, el éxito de tus ventas se apoya en el sentido de la vista de tus futuros clientes.

Lo captas?, debes atacar los sentidos del ser humano dependiendo el producto que vendas.

*Pero si tu emprendimiento se trata de servicios??*

**ENFOQUE SERVICIOS**

Si tu proyecto de emprendimiento se basa en servicios, bienvenido al mundo de las ventas, porque para vender un servicio, es decir un intangible debes utilizar todas tus habilidades para que las ventas fluyan.

Por este motivo debes cambiar el pensamiento de la relación comprador-vendedor, ya que el vendedor siempre es el que debe colocar las condiciones transaccionales, es difícil hacer esto? Claro que si y mucho por que depende de muchas variables como:

*Calidad de tu servicio.*
*Demanda en el mercado- marca*
*Performance*
*Relación precio-entorno*
*Situación económica del vendedor*

En fin, son variables que determinan quien está al poder de la transacción. Pero esto es solo la punta del iceberg, porque para convertirte en un excelente vendedor debes transformarte en un camaleón, conoces el camaleón?, son famosos por su habilidad de cambiar de color según las circunstancias lo utiliza como método de defensa o ataque; se llama camuflaje y tú debes utilizar camuflaje, y no se trata de engañar, porque el camaleón sigue siéndolo, es solo que como excelentes vendedores debemos desarrollar el don de la adaptación, cada venta es una adaptación circunstancial, por que debes crear una química con tu cliente, pero esto no se debe aplicar con todos nuestros prospectos o futuros clientes porque la venta tiene caminos diferentes dependiendo que tipo de servicio ofreces.

Pero lo más importante cuando se trata de vender un servicio o intangible, no es en sí lo que vendes, es el canal utilizado para la venta, y sabes cuál es el mejor canal para ventas de servicios?...Tú, porque cuando la persona va adquirir un servicio siempre su decisión de compra se apoyara en un 90% en la credibilidad que le produzca el vendedor.

En la empresa que hice carrera, inicie como asesor comercial, el servicio que debía vender era un curso de inglés, que ha propósito era muy costoso, pero la verdad sea dicha, la calidad del curso ameritaba el precio, eso yo lo sabía , pero de que manera podría convencer una persona en la calidad del curso, sin ni siquiera ir a una clase¡?,, era complicado por que la estrategia de la empresa consistía en realizar llamadas, concretar citas telefónicas en los domicilios de los posibles alumnos, visitarlos y convencerlos que en esa misma cita firmaran matricula y cancelaran la inicial o parte de ella, y sin ni siquiera conocer las instalaciones en donde iba a estudiar?...lo imaginas?? .. lo más increíble es que se lograba facturar un promedio de 50 alumnos al mes...te confieso que escribiendo esto aún me asombro de lo que junto con mi equipo de trabajo podríamos lograr en un mes y con esta estrategia tan agresiva y radical.

**¿Como se lograba?** te quiero contar una anécdota

*En cierta ocasión logré concretar por vía telefónica una cita para exponer las bondades y beneficios del curso; los posibles clientes de la la cita eran personas de un muy alto nivel socio-económico y por lo tanto debía estar a la altura de las cita con respecto a mi presentación personal, recuerdo que no tenía transporte y debía desplazarme en colectivo (bus de transporte público pequeño, una especie de microbús), le expliqué a mi jefe la situación y me sugirió me bajara unas dos esquinas antes para no arriesgarme que las personas de la cita me vieran bajarme de un bus, ya que iba en traje y corbata y no se vería bien. Recuerdo que una de las estrategias que utilizaba cuando realizaba mis visitas era la de colocar sobre la mesa que explicaba el curso, unas llaves de vehículo, que en realidad era un llavero que simulaba ser llaves de vehículo (eso no lo sabía el cliente), y efectivamente en esta cita aplique la misma estrategia, llegué me recibieron los padres con la chica que iba a realizar el curso, coloque las llaves sobre la mesa, bien vestido, hablando con propiedad y seguridad al máximo, una agradable hora de charla y lógicamente de cierre de venta.*

*Fue una cita perfecta, y al despedirme estaba tan emocionado que no caí en cuenta para tomar el colectivo, y en vez de bajar a la parada, lo que hice fui subir sobre la cuadra de mis clientes y tomé el colectivo que pasaba exactamente por el frente de la casa de ellos; me subí pero iba lleno y me tocó en la puerta de pie agarrado de los bordes, si ye te imaginarási-en el preciso momento que el colectivo pasaba por el frente de la casa de mis clientes, ellos iban saliendo y confieso,, ,fue uno de los momentos más incómodos de mi vida,,,, imagina la escena, yo colgado de la puerta de un colectivo con traje y corbata y ellos mirándome de pies a cabeza con una cara de " y éste que hace ahí ".*

*Al otro día, me llamaron los padres de la chica y me solicitaron la devolución del dinero, argumentado sentirse engañados en su buena fe.*

Sabes que pasó? Se sintieron desilusionados, porque a pesar que el curso era excelente, pesó más el sentirse engañados por mí..

Cuando trabajas vendiendo servicios, lo más importante recuérdalo siempre es que las personas se transformaran en clientes en la medida de la credibilidad que les irradies.

## 8 PRÍNCIPIOS CLAVES PARA SER UN EXITOSO VENDEDOR DE INTANGIBLES

1. Demuestra solvencia financiera (así no la tenga del todo), no se trata de aparentar riquezas, solo demuestra que estás en una posición cómoda económicamente y que no dependes económicamente de esa venta para vivir, Ej: si citas tu cliente en una cafetería, paga los cafés así la venta se dé o no, créeme la impresión que dejas es abono para el futuro.
2. Invierte en oler muy bien.
3. Si vas invertir en tu vestir, en donde más se nota si lo que vistes en de calidad o no, es en los accesorios. ( ropa, reloj correa)
4. Mira siempre a los ojos y demuestra interes por que lo que hable tu prospecto.
5. Jamás contesta tu celular en plena cita, házle saber a tu futuro cliente que el tiempo que tu le dedicas es exclusivo.
6. Escucha más y habla menos, regla fundamental.
7. Busca un tema de gustos comunes, futbol, familia cine, no te recomiendo política.
8. Transfórmate en un cerrador.

**CERRADOR**
Le voy a dedicar un espacio aparte al octavo principio clave para ser un vendedor de intangibles exitoso, el ser cerrador.

Te contaré que el principal factor de poder desarrollar una carrera exitosa en la empresa en la que aprendí tanto y logré ascender al máximo cargo de la organización fue en transformarme en un cerrador nato.

Pero que es ser un cerrador?.

Ser un cerrador es el siguiente nivel de un vendedor habilidoso, el cerrador tiene la capacidad de cerrar la venta en el mínimo tiempo posible, creando un vínculo de química con el comprador y minimizando el desgaste en su tiempo, logra resultados sobresalientes y lo más importante, el cliente siempre lo vera en su mismo nivel.

Se le llama cerrador porque tiene la capacidad de cerrar con capacidad argumentativa y derriba todas las objeciones de tal forma al cliente que no tiene por donde escapar a la venta, es decir queda encerrado.

Una de los factores fundamentales de un maestro cerrador es que entiende que no trabaja con los pies sino con la cabeza, debes entender que, si tu proyecto de emprendimiento vende servicios, debes tener claro que tipo de problema soluciona el servicio que vendes.

Ten claro que el cerrador no vende¡ ..el cerrador soluciona problemas.

La empresa que dirijo y actualmente esta en expansión,iniciocomounproyectodeemprendimiento en el cual utilice todas mis habilidades como cerrador para generar ingresos y hacerlo sostenible.

Mi emprendimiento estaba enfocado 5 años atrás en servicios de relajación y liberación del estrés por medio de una fusión de técnicas aceites y esencias que yo realizaba para mujeres.

Era un servicio nuevo, y lo nuevo siempre causa resistencia e incredulidad, así que debía utilizar todas mis habilidades como vendedor para poder contrarrestar estos argumentos y lograr cerrar cada negociación.

Así que debía primero realizar la cita para explicar mi servicio y convencer a la futura cliente de que tenía la solución a su problema de estrés.

**PRIMERO¡**

Antes de concretar una cita, o iniciar la explicación del servicio debes hacer una pregunta clave.

*Tu eres autónoma en tus decisiones o las consultas con alguien?*

*-Las consulto con mi esposo"...-entonces reprogramemos la cita para que este tu esposo y te pueda explicar....*

Estoy derribando una objeción muy común de las personas, y si con seguridad la persona es autónoma en sus decisiones, te podrá tomar una decisión en la misma cita sea si o sea no. No existe nada más frustrante que después de explicar todo el proceso, costos, formas de pago y demás te salga la persona con que debe consultarlo con alguien más. Prácticamente no hiciste nada ¡..el cliente se te salió por un lado.

*La decisión de tomar este servicio es una necesidad inmediata, o sólo estas preguntando?*

Cuando la persona me decía que solo quería saber por curiosidad ,sencillamente le daba una folleto y le decía que el día de mañana cuando eliminar el estrés se transformara en una necesidad real e inmediata ,con gusto le explicaría.

El cerrador no dispara al aire.

**SEGUNDO**

Debes ser arrollador, debes creer realmente que tu servicio es bueno, ayudara a la persona que tienes al frente, créetelo, saluda con firmeza, sonriente mirando a los ojos, habla con pasión, con credibilidad, despierta emociones en las personas, ríe, sonríe ponte triste,, recuerda las emocionas despertadas en la cita es el carruaje en donde van montadas las decisiones de los futuros clientes.

**TERCERO**
Objeciones¡.

Para un vendedor común y corriente las objeciones son los obstáculos que impiden la venta, para una maestro cerrador son los ladrillos que construyen la pared para encerrar mi cliente.

La manera mas efectiva que utiliza un maestro cerrador las objeciones del cliente, es transformando la objeción en un boomerang.

***-"no tengo plata"***
*Quieres decir que si la tuvieras tomarías el servicio?*
*Si,claro*
*Entonces hagamos lo siguiente,,cuando la tendrías?*
***-El otro mes***
*-dale entonces te voy a inscribir en el servicio y me firmas acá apartando tu cupo... tu firma tiene el mismo valor que tu dinero, y el otro ,mes cambíamos tu firma por el dinero y esta listo¡*
*Ves?...transforme una objeción en mi arma de cierre, te daré otro ejemplo.*

***-uy pero eso esta muy caro***

*Caro o costoso sabes cual es la diferencia?*

***-No es lo mismo?***

*No, mira caro es algo que su valor es mas elevado de lo que realmente vale, y costoso es algo que lo vale pero que no todo el mundo puede acceder, ,y sí, tienes razón nuestro producto es costoso y por eso estoy hablando contigo, por que se que tú puedes acceder a el, ahora si lo que me quieres decir es que en este momento no cuentas con los recursos, ,no te afanes tenemos opciones de financiamiento y facilidades de pago.*

**Existe mucho contenido en internet para transformarte en un gran cerrador....hazlo.**

**Venta de servicios = proyectar un nivel de credibilidad tan alto que las personas apuesten recursos, emociones o tiempo en ti, más que en lo que vendes.**

**Ventas de productos= Proyectar un fuerte atractivo en como enseñas tu producto con un claro equilibrio entre calidad, precio, performance y marca.**

**ENFOQUE MIXTO**

Ya hablamos cuando se trata de productos o e servicios, pero ahí un tercer enfoque; es cuando tu mismo eres el servicio convirtiéndote en tu producto.

Es decir, cuando tu emprendimiento se enfoca en lo que puedes ofrecer vendiendo un arte que tu mismo desarrollas a través de un servicio.

Te coloco ejemplos para que puedas comprenderme, cuando tú eres barbero, estilista o realizas manicura o eres chef a domicilio, carpintero o publicista entre otros.

Esto quiere decir que tu negocio es de enfoque mixto porque ofreces un servicio en el cual tú eres el producto.
En este tipo de enfoque de emprendimientos, muchas personas cometen muchos errores por que no se esmeran en desarrollar un proceso de personalización del cliente, es decir cuando tu enfoque es mixto, debes trabajar mucho en tres factores:

*PUNTUALIDAD*
*CALIDAD*
*SERVICIO*

***Puntualidad:*** *Conozco muchos casos de personas que son carpinteros, publicistas entre otros que trabajan muy bien su arte, pero incumplen mucho sus fechas de entrega, son los que ves durante años en la* *misma posición por que de ahí nunca saldrán ya que los clientes los buscaran una sola vez y será la última vez.*

***Calidad:*** *No puedes tener un negocio de enfoque mixto viable si no le das la calidad necesaria al arte que realizas,,,fundamental¡*

***Servicio:*** *Personaliza tus clientes, apunta sus fechas de cumpleaños, dedícales calidad de tiempo, no los trates como estadística.*

Recuerda que las ventas son las que ordenan la sostenibilidad de tu proyecto y por ende su evolución y crecimiento, préstales atención a las alas de tu avión y te darás cuenta que volaras alto y sostenido.

Ventas se traduce en dinero, si sabes vender, nunca pero nunca te faltará dinero.

# CAPITULO 16. NO DESVÍES LA DIRECCIÓN

***"No te distraigas en nada que no tenga que ver con tu emprendimiento".***

Timón de cola o dirección es la superficie flexible detrás del estabilizador vertical de la cola que sirve para mantener o variar la dirección o rumbo trazado.

Cuando inicié mi proyecto de emprendimiento, recuerdo que cometí un error muy común que se comete en el afán de poder tener clientes y lograr la mayor cantidad de ventas posible; ofrecer varios productos o servicios al tiempo, es decir que no te enfocas en uno solo si no que ofreces muchas cosas, te contaré algo para que puedas comprender mejor.

Al iniciar la creación y estructura de mi página web, ofrecía mil cosas, pero no veía los resultados, se suponía que al tener muchos servicios o productos, lograría abarcar una mayor cantidad de compradores interesados, pero no funcionaba, y cierto día le pregunte a una tía sobre la página web que la mirara y me diera su opinión, sus palabras me hicieron caer en cuenta de que por ahí no era...."Andrés esta bonita, pero ofrece tantas cosas que no ofreces nada porque ni recuerdo el contenido".

En ese momento entendí mi error, a no ser que mi proyecto fuera una tienda de abarrotes o algo similar, no estaba funcionando el ofrecer tantas cosas y a la vez y no ofrecer nada.

Lo que hice fue eliminar la venta de varios productos y servicios y me enfoque solo en uno, por que esta es una de las claves ocultas del éxito en tu emprendimiento: que te conozcan por un producto o un servicio fuerte.. enfócate en una sola cosa, y el mercado y tus clientes progresivamente consumirán lo demás, en otras palabras, concéntrate en fortalecer tu producto o servicio estrella.

Otra forma de perder la dirección de tu emprendimiento es dispersar tus energías.

Cuando te empieza a ir bien con tu emprendimiento es inevitable que te empiecen a salir otra clase de negocios alternos, en los cuales ves la posibilidad de ingresos adicionales, no lo hagas¡¡ enfócate en lo tuyo, te garantizo que perderás tiempo energía y dinero.

# CAPITULO 17.
# PROTÉGETE

***"Un avión seguro debe contar con confiable tren de aterrizaje y unas excelente llantas".***

Ahora que ya cuentas con tu proyecto de emprendimiento, debes ajustar, inflar muy bien las llantas de tu avión y verificar que tu tren de aterrizaje sea lo suficientemente fuerte para resistir las aterrizadas más fuertes que tendrás en el futuro, y con esta analogía me refiero a que es muy importante que estés blindado con todos los riegos y amenazas que vas a tener en tu emprendimiento; y debes saber algo, entre más exitoso sea tu emprendimiento, mas grandes serán tus riesgos y más fuertes las amenazas.

Existen dos tipos de riesgos, las que están en nuestro poder minimizar y solucionar, y las que no están en nuestro poder controlarlas.

Por experiencia propia te digo que el primer tipo de riesgos, hay que trabajar duro para solucionarlos, y en el segundo tipo de riesgo hay que resistirlo.

Es preciso que puedas diferenciar la magnitud y la clase de riesgo que enfrentaras cuan do tu emprendimiento empiece a despegar, por que inevitablemente los tendrás.

Que puede alguien copiar tu modelo de negosio? Si

Que alguien en que confiaste puede robar tu idea y tratar de quitarte tus clientes? Si

Que una persona con mucho capital coloque un concepto similar a tu emprendimiento y termine en precios devorándote? Si

Son innumerables los riesgos a los que te puedes enfrentar a medida en que tu proyecto tome fuerza.

No es muy agradable tocar temas de esta índole, pero no se trata de enfocarnos en aspectos negativos o ser ave de mal agüero, es porque debes prepárate.

Te quiero recomendar un modelo muy efectivo que leí en un maravilloso libro llamado Sea el Elefante, en el cual su autor STEVE KAPLAN desarrolla un patrón de evaluación de riesgos; clasificados en riesgos severos, moderados, improbables, no previsibles entre otros, y junto con estos, mediante una tabla de medición, lo puedes aplicar perfectamente a tu modelo de emprendimiento.

# CUARTA PARTE

## GENERALIDADES

## LA CLAVE EN COMUN

Por la vida que he llevado y por mis convicciones estoy plenamente seguro que la vida no todo es blanco y negro, creo en los puntos medios, de hecho todo lo cercano a lo perfecto es un equilibrio.

He tenido la oportunidad de seguir emprendedores exitosos y basado en mis propias experiencias te digo con seguridad que todo emprendedor exitoso posee unas claves en común, que a continuación te las daré a conocer.

**CURIOSIDAD:** Constantemente el emprendedor exitoso quiere aprender y no le avergüenza admitir o preguntar cosas que no sabe, hoy en día con las facilidades del internet, todos los días se puede aprender cosas nuevas, el emprendedor se debe transformar en una esponja absorbente de conocimiento; en mi caso lo que hago es que tengo una agenda que le coloque de título "lo que aprendí hoy" y todos los días trato de aprender algo nuevo y lo plasmo en mi agenda, y así siento que en temas de intelecto y educación todos los días estoy avanzando, tener hambre de conocimiento es tener hambre de éxito.

**LAS DIFICULTADES SE TRANSFORMAN EN MOTIVO Y NO EN PROBLEMA:** Es un proceso mental, y créeme es un proceso. De las cosas que más pereza le tengo en la vida es realizar un trasteo o acarreo, y en la vida he tenido que pasar por esto muchas veces, lo que sucede es que logre verlo de una manera diferente, te explico, las últimas tres veces que me ha tocado hacerlo, me imagino que estoy en un gym entrenado y que el levantar cosas y subirlas a un camión hacen parte del proceso de subir masa muscular, y la verdad incluso por momentos lo experimenté de manera divertida.

Vas a tener mil dificultades en la vida si quieres ser una persona exitosa financieramente, y debes tener la capacidad de afrontar los problemas como un motivo mas de levántate de la cama y guerrearla,,,creeme es un entrenamiento, no olvides que entre mas alto escales ,el viento sopla más fuerte.

**SIEMBRAN:** Es impresionante la cantidad de gente que no cree en este factor clave y determinante para poder lograr un éxito solido y sostenible. Aunque es común la palabra y las personas la conocen, se dificulta aplicarla en la vida; sembrar significa plantar la semillas en tierra fértil (sabiduría al elegir esa tierra fértil )regar la semilla, cuidarla, protegerla para que algún día y después de determinado tiempo de sus frutos. Lee bien lo que te voy a decir, es absolutamente ridículo que logres cosechas(recoger) frutos abundantes y sostenibles, si no has llevado un proceso de siembra.

La cultura del dinero fácil que se maneja hoy en día lleva a las personas a pretender cosechar sin sembrar; se apropian de las ideas de los demás, son desleales, sin ética de comportamiento empresarial y demás. La leyes de la naturaleza y el universo son tan perfectas que si un árbol para dar furtos debe pasar por una siembra y proceso,tú como le quieres huir a tu proceso?.

Pero en la práctica que significa sembrar?. Es dar, tiempo...esfuerzo, se dice que para llegar a general se debe ser excelente soldado, si estas en un proyecto sostenible y con crecimiento, sigue ahí, mantente aprende, siembra, que la vida y el universo te lo recompensaran y tú sabrás cuando es el momento de formar tu propio emprendimiento.

*Siempre he dado gracias a Dios por la maravillosa experiencia que tuve en la empresa en la que duré casi una década, aprendí, sembré me formé y de no haber sido por esta experiencia, tal vez no sería el empresario que soy ahora;*

**SE RODEAN MUY BIEN:** Leí alguna vez en un blog de emprendimiento *-Escoge bien el tipo de amistades que te rodean, Ya que las personas que tienes a tu lado te pueden elevar o hundir-.*

Para todos nosotros, nuestras amistades son parte esencial de nuestra vida, y en muchas ocasiones son determinantes en las decisiones de vida que tomamos; Cuando tú tomas la decisión de ser emprendedor, es inevitable que debes eliminar hábitos e incorporar otros, y en este proceso vas a chocar con algunos amigos. Mi sugerencia es que no debes tampoco apartarlos de tu vida como si fueran ropa vieja, pero debes empezar a rodearte de personas que vayan en la misma corriente de tus pensamientos, te darás cuenta que sin premeditarlo poco a poco vas a compartir con personas de tu mismo sentir y pensar; si te resistes a ello, tu proceso como emprendedor será más complicado y difícil.

Ahora si hablamos de nuestra pareja sentimental, debe ser una persona que tenga la misma filosofía de vida que la tuya, nuestra pareja sentimental nos puede dar la fuerza y la estabilidad emocional para poder lograr nuestros objetivos, tanto así como podrá alejarnos de estos mismos objetivos y sueños.

Conozco muchas amigas y conocidas que dejaban sus sueños por complacer a sus esposos o novios y luego cuando se arrepentían, habían perdido gran parte del activo mas importante que tiene cualquier persona en este planeta, el tiempo.

Estos factores no son los únicos, pero son determinantes y es un común denominador en los emprendedores que luego se transforman en empresarios exitosos; te recuerdo nuevamente, un empresario es un emprendedor evolucionado.

**SI TE LLAMAS EMPRENDEDOR?**

Cuando buscamos la definición de la palabra emprendedor encontramos que un emprendedor es una persona que diseña, lanza y pone en funcionamiento un negocio.

No estoy totalmente de acuerdo,suponer que se es emprendedor sencillamente por que tienes un producto o un servicio y lo estas vendiendo es un grueso error.

En mi experiencia te puedo decir que para considerarse un emprendedor se debe pasar por ciertas etapas fundamentales:

1. Etapa semilla: Es aquel tiempo en el cual en tu cabeza se empieza a gestar la idea de arriesgarte en capital y tiempo, a lanzarte al mundo del emprendimiento, así que empiezas a indagar, a leer a investigar a inclinarte sobre la importancia de las ventas

2. Etapa impulso: Es aquella en la que iniciaste tu proyecto, empezaste a vender, las cosas van tomando forma, y divisas un gran panorama

3. Etapa tormenta: En inevitable que la vivirás, cuando las cosas empiezan a dar forma como lo dije en el punto anterior, divisas un gran panorama, lo que no sabes es que inevitablemente empezaran a surgir problemas, ya sean generados por acción u omisión en tu proceder de tu negocio o por factores externos, a esto le llamo la etapa tormenta, la etapa de resistir, luchar y levantarse
4. Etapa fénix: Si no has escuchado del ave fénix te lo explico de manera sencilla, es un ave mitológica y fabulosa que según la leyenda perecía quemándose, luego resurgía de las cenizas AÚN MAS FUERTE.

5. Etapa diamante: Si pasas por estas etapas y aún así no has renunciado a tu negocio y sigues con la misma pasión, entrega y empuje, finalmente te puedes llamar emprendedor¡

## HECHOS AL DESNUDO

Cuanto tiempo podría pasar para que en nuestras vidas viéramos las cosas de manera objetiva, clara y sin ninguna clase de adornos semánticos para afrontar los retos en nuestras vidas y aún más los de tu emprendimiento ?.

Afrontar los hechos al desnudo sin anestesia y con total objetividad es una de las cualidades menos comunes, pero más importantes de un real emprendedor, y sabes por qué?

Porque cuando tu realizas una autoevaluación de tu emprendimiento crudo y con cifras, sabrás realmente el rumbo que debes tomar

Alguna vez en una clase de marketing digital, me quedo sonando la frase de un docente que nos hablaba de la cantidad de likes o seguidores que tiene una persona o un emprendimiento en redes sociales;

"Muchas personas viven felices con la aceptación romántica de seguidores y likes en sus redes sociales... pueden tener mil seguidores y cinco mil likes; y ventas ¡?.... conozco personas con 100 seguidores y muy pocos likes pero su volumen de ventas son extraordinarios".

Soñar no está mal, de hecho, es fundamental ser un soñador para ser emprendedor, pero siempre debemos ser crudos y claros con las cifras, evaluar sin sentimentalismos como van las cosas, para tomar las mejores decisiones de cara al futuro.

# SOBRE EL AUTOR

Andrés Niño, ha hecho su carrera desarrollando modelos de emprendimiento sostenibles. Transformó un emprendimiento de una sola persona llamado Misión Domino en una pyme de gran proyección y crecimiento generando más de 25 empleos directos y 45 indirectos, creando sucursales en diferentes partes del país y logrando consolidarlo a pesar de los paradigmas sociales.

Comunicador social con estudios complementarios en Gerencia estratégica, habilidades de liderazgo y dirección de equipos.

10 años de experiencia en creación y desarrollo de E.A.D (Equipos de alto desempeño), asesoría empresarial en ambiente laboral y cumplimientos de resultados bajo presión.

Actualmente se encuentra realizando estudios de sostenibilidad financiera en dos modelos de emprendimientos y culminando sus estudios profesionales en Derecho.

Contacto: andresmatrizaguila@gmail.com